AF892082

Symposion Insolvenz- und Arbeitsrecht 2020

Professor Dr. Christian Heinrich (Hrsg.)

Coronakrise

Herausforderungen der Arbeits- und Insolvenzrechtspraxis

SYMPOSION
Insolvenz- und Arbeitsrecht

Nomos

Onlineversion
Nomos eLibrary

Die Deutsche Nationalbibliothek verzeichnet diese Publikation in der Deutschen Nationalbibliografie; detaillierte bibliografische Daten sind im Internet über http://dnb.d-nb.de abrufbar.

ISBN 978-3-8487-8099-0 (Print)
ISBN 978-3-7489-2517-0 (ePDF)

1. Auflage 2021
© Nomos Verlagsgesellschaft, Baden-Baden 2021. Gesamtverantwortung für Druck und Herstellung bei der Nomos Verlagsgesellschaft mbH & Co. KG. Alle Rechte, auch die des Nachdrucks von Auszügen, der fotomechanischen Wiedergabe und der Übersetzung, vorbehalten. Gedruckt auf alterungsbeständigem Papier.

Vorwort

Trotz der Coronavirus-Pandemie verringerte sich die Zahl der Unternehmensinsolvenzen im ersten Halbjahr 2020 um rund 8 Prozent. Diese etwa 8.900 Insolvenzen verursachten einen Schaden von 12 Milliarden Euro und beeinträchtigten 125.000 Arbeitsplätze. Gründe für diese relativ geringen Insolvenzzahlen dürften die Aussetzung der Insolvenzantragspflicht und die milliardenschweren Liquiditätshilfen sein. Es lässt sich absehen, dass Fortsetzung und Ausweitung der staatlichen Corona-Hilfsprogramme auch in der zweiten Jahreshälfte die Insolvenzzahlen niedrig halten.

Laufen die Coronahilfen im nächsten Jahr aus, ist mit einem Anstieg der Insolvenzen zu rechnen. Dies wird vor allem die Hotel- und Gaststättengewerbe, die Veranstaltungs- und Reisebranchen sowie den Einzelhandel betreffen. Sanierung und Insolvenz von Unternehmen gewinnen zunehmend an Bedeutung. Auf diejenigen, die Unternehmenskrisen zu bewältigen haben, kommen in der nächsten Zeit gewaltige, verantwortungsvolle Aufgaben zu. Eine erfolgreiche Restrukturierung kann außerhalb oder innerhalb eines Insolvenzverfahrens erfolgen. In beiden Fällen kommt es wesentlich auf die Entwicklung komplexer interdisziplinärer Lösungsansätze an. Unterschiedliche Sichtweisen und Interessen müssen zu einem einheitlichen Ganzen gefügt werden, um den sanierungsbedürftigen Unternehmen einen Weg aus der wirtschaftlichen Notlage zu ebnen.

Erfolgreiche Sanierungen erfordern das Zusammenspiel mannigfaltiger Kenntnisse des Rechts und der Betriebswirtschaft. Theoretische Erkenntnisse, praktische Erfahrungen und wissenschaftliche Aspekte, welche mit der Restrukturierung, Sanierung und Insolvenz von Unternehmen einhergehen, werden im Rahmen der jährlich im Juni sowie im Oktober stattfindenden Symposien Insolvenz- und Arbeitsrecht erörtert. Der Dialog von Wissenschaft und Praxis soll den Umgang mit der komplexen Rechtsmaterie erleichtern, aktuelle Entwicklungen aufzeigen und der Praxis neue Impulse für die tägliche Arbeit geben.

Diesen Zielen, in der Krise eine Chance zur Erneuerung aufzuzeigen und allen Beteiligten eine Kommunikationsplattform zu bieten, konnte das Symposion Insolvenz- und Arbeitsrecht in diesem Jahr coronabedingt nur zum Teil gerecht werden. Die Veranstaltung in Ingolstadt musste bedauerlicherweise ausfallen, das Symposion am Tegernsee konnte nur im kleinen Rahmen durchgeführt werden. Die familiäre Atmosphäre im Sengerschloss beflügelte allerdings eine eingehende Diskussion aktueller rechtswissenschaftlicher und betriebswirtschaftlicher Fragen. Die engagierten Beiträge haben interessante Facetten der komplexen Materie deutlich gemacht und weiterführende Hinweise ermöglicht. Den Referenten danke ich außerordentlich für die großartigen Vorträge und die Mühe, die sie sich mit der praxisgerechten Aufbereitung der schwierigen Thematik gemacht haben.

Besonderer Dank gebührt der Luther Rechtsanwaltsgesellschaft, ohne deren freundliches Engagement die Veranstaltung nicht durchführbar gewesen wäre. Frau Rechtsreferendarin Cathrin Hug ist für wissenschaftliche Hinweise sowie für redaktionelle Arbeiten an diesem Sammelband zu danken. Überdies möchte ich dem Nomos Verlag für die hervorragende Betreuung und die unkomplizierte Drucklegung danken.

Die nächsten Symposien finden – hoffentlich wieder im gewohnten Rahmen – am 17. und 18. Juni 2021 im Neuen Schloss Ingolstadt sowie am 7. Oktober 2021 im Sengerschloss Tegernsee statt.

Ingolstadt, im Oktober 2020 Christian Heinrich

Inhalt

Workshop Insolvenzarbeitsrecht

Rechtsanwältin Dr. Hannah Krings, Köln, und Rechtsanwalt Knut Rebholz, Berlin

I. Ablauf und Ziel des Workshops

Wenn auch unter neuer fachlicher Leitung, handelt es sich wie in den Vorjahren wieder um einen moderierten Workshop. Der Workshop 2020 ist zeitlich limitiert (75 Minuten).

Wie gewohnt, erhalten die Teilnehmer einen Sachverhalt, der in den kommenden Jahren fortgeschrieben werden soll. Auch in diesem Jahr soll nicht die Lösung der aufgeworfenen Probleme im Vordergrund stehen, sondern die Entwicklung von praxisnahen, rechtlich belastbaren Ergebnissen hochaktueller rechtlicher Fragestellungen.

Zu Beginn des Workshops erfolgt wie auch in den vergangenen Jahren eine kurze Einführung in die Abläufe und Themen, bevor wir in den neuen Sachverhalt einsteigen und diesen diskutieren. Die letzten Minuten sollen in bewährter Weise der kritischen Schlussbetrachtung dienen.

II. Sachverhalt

Die X-GmbH ist ein Einzelhändler mit 100 Filialen, die sich über das gesamte Bundesgebiet verteilen. Sitz der Zentrale der X-GmbH ist Düsseldorf. Neben der Zentrale und den Filialen gehört noch ein Lager mit Sitz in Bochum zu der X-GmbH. Die X-GmbH beschäftigt 1.500 Mitarbeiter und ist nicht tarifgebunden. Der Betriebsrat der X-GmbH wurde nicht für sämtliche Filialen gewählt; es wurden vielmehr – historisch bedingt – nur die in Nordrhein-Westfalen beschäftigten Mitarbeiter, also die Mitarbeiter der Zentrale, des Lagers und aus 30 Filialen zur Betriebsratswahl eingeladen. Die Filialen in Nordrhein-Westfalen bilden auch gemeinsam mit der Zentrale und dem Lager keinen Betrieb im Sinne des BetrVG. Jeweils 10 Filialen werden von einem sog. Regionalleiter in personellen und wirtschaftlichen Angelegenheiten geführt. In der einzelnen Filiale sind je nach Größe zwischen 5 und 15 Mitarbeiter beschäftigt.

Bereits vor den coronabedingten Filialschließungen litt die X-GmbH unter erheblichen wirtschaftlichen Schwierigkeiten. Mit Beginn des Lockdowns und der Schließung sämtlicher Filialen, zeigte die X-GmbH Kurzarbeit Null für die in den Filialen und dem Lager beschäftigten Mitarbeiter an.

Um die durch die Insolvenzordnung zur Verfügung gestellten Sanierungsinstrumente möglichst flexibel nutzen zu können, entschlossen sich die Geschäftsführer am 7. April 2020, einen Insolvenzantrag wegen drohender Zahlungsunfähigkeit zu stellen. Der entsprechende Beschluss des zuständigen Insolvenzgerichts erging noch am selben Tag.

Zu diesem Zeitpunkt befanden sich die betroffenen Mitarbeiter unverändert in Kurzarbeit. Es folgte ein vorläufiges Insolvenzverfahren in Eigenverwaltung; die Mitarbeiterinnen und Mitarbeiter (nachfolgend zusammen „Mitarbeiter“) waren während der ersten Wochen des Insolvenzeröffnungsverfahrens noch in Kurzarbeit und wurden erst dann nach und nach zurückgeholt. Zwar wäre ab dem 20. April 2020 die vollständige Öffnung der Filialen, deren Verkaufsflächen 800 qm allesamt nicht überschritten, wieder möglich gewesen, aber in Anbetracht von Kundenfrequenzen, die in einigen Filialen nach wie vor hinter den Zahlen zurückblieben, die ein rentabler Filialbetrieb voraussetzt, entschlossen sich die Geschäftsführer zur Verkürzung der Öffnungszeiten. Künftig sollten die betroffenen Filialen nur von 12:00 -16:00 Uhr öffnen, statt wie üblich von 10:00 – 20:00 Uhr. Die Mitarbeiter bleiben entsprechend anteilig in Kurzarbeit.

Die X-GmbH möchte das Insolvenzverfahren auch nutzen, um 30 schon seit geraumer Zeit unrentable Filialen zu schließen. Diese befanden sich teilweise in Ballungsgebieten, in denen mehrere Filialen in einer Gemeinde betrieben wurden, teils aber auch außerhalb, teils in Nordrhein-Westfalen, teils in anderen Bundesländern. Die den sog. Schließungsfilialen zugeordneten Stellen würden entfallen. Mit der Schließung von 30 Filialen ist auch ein Rückgang des Warenvolumens und der durchzuführenden Be- und Auslieferungen in dem Lager der X-GmbH absehbar. Aus diesem Grund wurde auch für das Lager ein umfangreicher Stellenabbau geplant. Gleichzeitig gibt es in anderen, nicht von den geplanten Schließungen betroffenen Filialen eine Vielzahl offener Stellen bei der X-GmbH, die im Wesentlichen aus einer ständigen Fluktuation der im Niedriglohnbereich beschäftigten Mitarbeiter resultieren.

Nach grober Konzeptionierung der Maßnahme unterrichtete die Geschäftsführung den Betriebsrat Ende Mai 2020 über das geplante Vorhaben. Es bestand Einvernehmen, dass es sich bei der Maßnahme um eine Betriebsänderung handeln würde, weshalb sodann Verhandlungen über einen Interessenausgleich und Sozialplan aufgenommen wurden. Ziel der

Geschäftsführung ist es, am Tage der Eröffnung des Insolvenzverfahrens (1. Juli 2020), einen Interessenausgleich mit Namensliste, der sich nicht nur auf die betroffenen Mitarbeiter in Nordrhein-Westfalen, sondern auch auf die im übrigen Bundesgebiet beschäftigten Mitarbeiter erstreckt, zu unterzeichnen. Im Gegenzug ist sie bereit, auch den Sozialplan auf diese Mitarbeiter zu erstrecken. Damit unmittelbar nach Eröffnung des Insolvenzverfahrens die betriebsbedingten Kündigungen gegenüber den in den Schließungsfilialen beschäftigten Arbeitnehmern ausgesprochen werden konnten, beginnt der Personalleiter der X-GmbH unmittelbar mit der Vorbereitung der Sozialauswahl.

Die Verhandlungen sind produktiv, der Betriebsrat erkennt die Notwendigkeit der geplanten Filialschließungen an. Nach einem Kurzurlaub auf Mallorca wird der Betriebsratsvorsitzende jedoch für 14 Tage in Quarantäne geschickt. Die Verhandlungen stehen inzwischen kurz vor dem Abschluss und der Betriebsratsvorsitzende möchte es sich nicht nehmen lassen, an den letzten Verhandlungsterminen teilzunehmen. Er schlägt eine Fortsetzung der Verhandlungen mittels Videokonferenz vor. Einen Dienstlaptop besitzt der Betriebsratsvorsitzende nicht. Das kommt auch der Geschäftsführung entgegen, die in Anbetracht des immer näher rückenden Termins der Insolvenzeröffnung unter Zeitdruck gerät.

Der Betriebsrat ist der Auffassung, dass man die laufenden Verhandlungen auch nutzen könnte, um ein Recht auf Home Office für die Mitarbeiter in der Zentrale zu vereinbaren. Er stellt sich vor, dass künftig jeder Mitarbeiter ohne Abstimmung mit seinem Vorgesetzten und ohne Begrenzung auf eine bestimmte Anzahl von Tagen pro Monat, von zuhause aus arbeiten können soll. Bislang sehen die Arbeitsverträge keine Regelung zum Home Office vor; Betriebsvereinbarungen zu diesem Thema gibt es auch nicht.

Derweil verzweifelt der Personalleiter an der Sozialauswahl. Er hat gelernt, dass eine Sozialauswahl immer betriebsbezogen durchzuführen ist. Dementsprechend schaut er sich für die Sozialauswahl unter den Filialmitarbeitern immer Zuständigkeitsbereich eines jeden Regionalleiters an und nimmt unter den diesem zugeordneten Mitarbeitern die Sozialauswahl vor. Er stellt fest, dass dieses Vorgehen die Notwendigkeit eines Ringtauschs nach sich zieht, der wiederum die Aufrechterhaltung des Betriebs der sog. Fortführungsfilialen gefährdet. Nach Einholung rechtlichen Rats erfährt er, dass er auf Grund arbeitsvertraglich vereinbarter wirksamer Klauseln, die eine Versetzbarkeit der Mitarbeiter im Bundesland vorsehen, auch noch die freien Stellen der X-GmbH in dem jeweiligen Bundesland berücksichtigen muss.

Der Personalleiter beauftragt nunmehr auch den die Verhandlungen mit dem Betriebsrat begleitenden Rechtsanwalt, die erforderliche Massenentlassungsanzeige vorzubereiten.

III. Fragestellungen

1. Hat die X-GmbH auch noch nach freiwilliger Verkürzung der Öffnungszeiten Anspruch auf Kurzarbeitergeld?
2. Haben die Mitarbeiter der X-GmbH, die bei/nach Insolvenzantragstellung noch in Kurzarbeit waren und dies auch bleiben, Anspruch auf Insolvenzgeld?
3. Erfassen die Beteiligungsrechte des Betriebsrats auch die Mitarbeiter, die (fälschlicherweise) nicht zur Betriebsratswahl eingeladen wurden?
4. Können Verhandlungen mit dem Betriebsrat mittels Videokonferenz durchgeführt werden? Kann der Betriebsrat auf diesem Wege auch Beschlüsse fassen? [Anmerkung der Referenten: Die zweite Frage wurde erst im Nachgang zu dem Workshop aufgenommen]. Haben die Mitglieder einen Anspruch auf Ausstattung mit der benötigten Hardware?
5. Lässt sich Home Office mittels Betriebsvereinbarung einführen?
6. Wie werden Weiterbeschäftigungsmöglichkeiten im Unternehmen richtigerweise berücksichtigt, wenn die Sozialauswahl in unterschiedlichen Betrieben durchzuführen war?
7. Wo ist die Massenentlassungsanzeige zu erstatten? Oder sind mehrere Anzeigen zu erstatten?

IV. Diskussion und Antworten

1. Hat die X-GmbH auch noch nach freiwilliger Verkürzung der Öffnungszeiten Anspruch auf Kurzarbeitergeld?

Der Arbeitgeber kann Kurzarbeitergeld beantragen, wenn sein Betrieb durch staatliche Schutzmaßnahmen in einer Pandemie geschlossen wird. Für dieses Szenario erkennt die Bundesagentur für Arbeit das Vorliegen der Voraussetzungen des § 96 Abs. 1 SGB III an. Aber liegen diese Voraussetzungen auch vor, wenn sich der Arbeitgeber auf Grund rückläufiger Frequenzen in seinen Einzelhandelsgeschäften freiwillig zu einer Verkürzung der Öffnungszeiten entschließt, weil eine vollständige Öffnung wirtschaftlich nicht sinnvoll ist? Soweit ersichtlich, finden sich zu dieser Frage bislang keine Fundstellen in Literatur und Rechtsprechung. Entscheidend dürfte sein, wo die Grenze des Betriebsrisikos, das der Arbeitgeber zu tragen hat[1], zu ziehen ist. Die Diskussion zeigte, dass die Workshopteilnehmer überwiegend der Auffassung sind, dass der Bezug von Kurzarbeitergeld auch im Falle der freiwilligen Verkürzung der Öffnungszeiten möglich sein muss, da auch diese Maßnahme zumindest mittelbar noch das Resultat der staatlich angeordneten Beschränkungen zur Eindämmung der Pandemie ist. Das für das Vorliegen der Voraussetzungen erforderliche „unabwendbare Ereignis“ im Sinne des § 96 Abs. 1 Nr. 1 SGB III, das gegeben ist, wenn ein objektiv feststellbares Ereignis vorliegt, das auch durch die äußerste, nach den Umständen des Falles gebotene Sorgfalt durch den Arbeitgeber oder seine Mitarbeiter nicht abzuwenden ist, ist auch in unserem Fall zu bejahen.

2. *Haben die Mitarbeiter der X-GmbH, die bei/nach Insolvenzantragstellung noch in Kurzarbeit waren und dies auch bleiben, Anspruch auf Insolvenzgeld?*

Kurzarbeitergeld deckt Gehaltseinbußen bei Arbeitsausfall ab, Insolvenzgeld insolvenzbedingte Gehaltseinbußen.

Ein Insolvenzantrag führt nicht dazu, dass der Betrieb automatisch zu Vollarbeit zurückkehrt. Ein Anspruch auf Insolvenzgeld besteht im Insolvenzgeldzeitraum nur in Höhe des verbleibenden Ist-Entgelts. Ein Arbeitsausfall von 100 % führt nicht zu einer Verschiebung des Insolvenzgeldzeitraums. Kurzarbeit Null führt nicht zu einem Ruhen der Hauptpflichten des Arbeitsverhältnisses und gehört damit nicht zu den Zeiten, in denen kein Anspruch auf Arbeitsentgelt bestand[2].

Sofern kein hundertprozentiger Arbeitsausfall vorliegt, besteht ein Anspruch auf Insolvenzgeld bei fortdauernder Kurzarbeit im Insolvenzgeldzeitraum in Höhe des verbleibenden Ist-Entgelts. Für den ausfallenden Arbeitsanteil können die Mitarbeiter bei Vorliegen der übrigen Voraussetzungen auch im laufenden Insolvenzverfahren Kurzarbeitergeld beziehen.

---

1 Vgl. nur Bieback in: Gangel, SGB III, Werkstand: 79. EL September 2020, § 96, Rn 40 ff.

2 165.33 fachliche Weisungen Insolvenzgeld der Bundesagentur für Arbeit, ruhendes Arbeitsverhältnis.

3. Erfassen die Beteiligungsrechte des Betriebsrats auch die Mitarbeiter, die (fälschlicherweise) nicht zur Betriebsratswahl eingeladen wurden?

Das ist nicht der Fall. Nach Auffassung des BAG[3] und der h.M. in der Literatur[4] ist der Betriebsrat in einer solchen Konstellation nur für den „Betrieb" zuständig, für den er gewählt wurde. Danach gilt, dass der unter Verkennung des objektiven Betriebsbegriffs gewählte Betriebsrat nur diejenigen Arbeitnehmer repräsentiert, die in den Betriebsteilen beschäftigt sind, die den Betriebsrat mitgewählt haben, nicht aber auch diejenigen Mitarbeiter, die diesen nach der objektiven Rechtslage hätten mitwählen müssen. Das Bundesarbeitsgericht begründet dies in der in Fn. 3 zitierten Entscheidung vom 03.06.2004 damit, dass es dem Erfordernis der Rechtssicherheit, dem § 19 BetrVG diene, widerspräche, wenn bei Ausübung eines jeden einzelnen Beteiligungsrechts jeweils zu klären wäre, ob der gewählte Betriebsrat überhaupt für den Betrieb im Sinne des BetrVG gewählt bzw. zuständig sei. Etwas anderes gilt im Falle der Nichtigkeit der Betriebsratswahl, für die es vorliegend aber keine Anhaltspunkte gibt.

4. Können Verhandlungen mit dem Betriebsrat mittels Videokonferenz durchgeführt werden? Haben die Mitglieder einen Anspruch auf Ausstattung mit der benötigten Hardware?

a) Verhandlungen zwischen Arbeitgeber und Betriebsrat dürfen mittels Videokonferenz durchgeführt werden. Anders bislang die Beschlussfassung: Nach überwiegender Meinung können rechtswirksame Beschlüsse nur in einer Betriebsratssitzung gefasst werden, in der die stimmberechtigten Mitglieder körperlich anwesend sind[5]. Dieser Schluss wird aus § 33 Abs. 1 BetrVG abgeleitet, der regelt, dass die Beschlüsse des Betriebsrats mit der Mehrheit der Stimmen der "anwesenden" Mitglieder gefasst werden. Nach überwiegender Meinung schließt das die Beschlussfassung in anderer Weise, so auch durch Video- oder Telefonkonferenzen, aus.

Durch die Neuregelung des § 129 BetrVG („Sonderregelungen aus Anlass der COVID-19-Pandemie") vom 20.05.2020 ist nun aber auch eine Be-

---

3 BAG, Urt. v. 03.06.2004 – 2 AZR 577/03 sowie BAG, Urt. v. 23.03.2006 – 2 AZR 162/05.

4 Raab, GK-BetrVG, § 102 KSchG Rn 4; Etzel/Rinck, KR, § 102 KSchG Rn 54; Richardi/Thüsing, BetrVG, § 102 KSchG Rn 34.

5 Vgl. nur Däubler/Klebe, NZA 2020, 545.

schlussfassung per Telefon- oder Videokonferenz in Sitzungen des Betriebsrats unter bestimmten Voraussetzungen nach erstmaliger Verlängerung nun zeitlich befristet bis zum 30.06.2021 zulässig. Entsprechendes gilt nach § 129 Abs. 2 BetrVG für den Wirtschaftsausschuss und Einigungsstellen. Die Vorschrift gilt rückwirkend für Beschlussfassungen ab 01.03.2020.

Das Gesetz erlaubt, Beschlüsse in einer Sitzung zu fassen, die vollständig als Video- oder Telefonkonferenz abgehalten wird. Eine Anwesenheit von Betriebsratsmitgliedern in den Räumlichkeiten des Betriebs ist nicht erforderlich. In Betracht kommen nach der Gesetzesbegründung Video- und Telefonkonferenzen, einschließlich online gestützter Anwendungen wie Meetings per WebEx oder Skype[6]. Zudem muss sichergestellt sein, dass jeder Teilnehmer jeden anderen Teilnehmer zu jeder Zeit hören kann und ebenso jederzeit das Wort ergreifen kann. Zulässig ist die Beschlussfassung oder Sitzungsteilnahme per Video- oder Telefonkonferenz allerdings nur, wenn sichergestellt ist, dass Dritte vom Inhalt der Sitzung keine Kenntnis nehmen können. Welche Anforderungen hier genau erfüllt werden müssen, ist noch unklar.

b) § 40 BetrVG regelt in Ergänzung zu § 37 BetrVG die Pflicht des Arbeitgebers, die sachlichen und persönlichen Kosten zu tragen, die zur Durchführung der Aufgaben des Betriebsrats erforderlich sind. Durch das BetrVerf-ReformG wurde Abs. 2 dahingehend ergänzt, dass dem Betriebsrat auch Informations- und Kommunikationstechnik in dem erforderlichen Umfang zur Verfügung zu stellen ist[7]. Die Ergänzung diente der Klarstellung, dass dem Betriebsrat auch die Mittel der modernen IT-Technik zu überlassen sind, wenn und soweit der Betriebsrat sie zur Erfüllung seiner Pflichten benötigt. Auch kann die Überlassung von Computern samt Software und Zubehör beansprucht werden, soweit dies für die Geschäftsführung erforderlich ist und der Betriebsrat die konkrete Erforderlichkeit der Überlassung darlegt[8]. In unserem Fall hat der Betriebsrat folglich Anspruch auf Überlassung der für die Erfüllung seiner Aufgaben erforderliche Hard- und Software.

---

6 BT-Drucksache 19/18753, S. 28.

7 Einen guten Überblick über die von dem Betriebsrat zu beanspruchende Büroausstattung sowie Kommunikationsmittel bietet Koch, ErfK, § 40 BetrVG, Rn. 16.

8 BAG, Urt. v. 12.05.1999, AP BetrVG 1972 § 40 Nr. 65; BAG, Urt. v. 16.05.2007, AP BetrVG 1972 § 40 Nr. 90.

5. Lässt sich Home Office mittels Betriebsvereinbarung einführen?

Mitbestimmungsfrei – zumindest bis jetzt – ist die grundsätzliche Entscheidung des Arbeitgebers, ob er die Möglichkeit zum Home Office eröffnen möchte.

Diskutiert wird, ob es aufgrund der durch die COVID-19-Pandemie erhöhten Gefährdungslage für Gesundheit und Wohl der Arbeitnehmer eine Fürsorgepflicht als arbeitsvertragliche Nebenverpflichtung des Arbeitgebers zur Eröffnung der Möglichkeit des Home Offices gibt[9] oder auch in engen Grenzen ein Anspruch des Arbeitnehmers besteht, wenn der Arbeitgeber seinen arbeitsschutzrechtlichen Pflichten nach § 618 BGB i.V.m. den öffentlich rechtlichen Arbeitsschutznormen nicht hinreichend nachkommt, was – allerdings erst bei nachhaltigen und gravierenden Verstößen – zu einem Leistungsverweigerungsrecht des Arbeitnehmers führen kann (z.B. der einzuhaltende Mindestabstand nicht gewährleistet werden kann oder Hygieneregeln dauerhaft nicht eingehalten werden).

Der Betriebsrat kann lediglich über das Vorschlagsrecht gem. § 92a BetrVG die Initiative ergreifen und die Einführung des Home Office als Vorschlag zur Sicherung und Förderung der Beschäftigung vorschlagen.

Grundsätzlich kann eine Betriebsvereinbarung Rechtsgrundlage zur Einführung des Home Office sein.

Sollte der Arbeitgeber die Möglichkeit zur Arbeit im Home Office eröffnen, bestehen grundsätzlich gem. § 5 Abs. 1 BetrVG Mitbestimmungsrechte des Betriebsrates (Arbeitnehmer im Bereich der Telearbeit).

Es bestehen dann verschiedene Beteiligungsrechte des Betriebsrates:

- in der Planungsphase allgemeiner Unterrichtungsanspruch gem. § 80 Abs. 2 BetrVG
- rechtzeitige Unterrichtung unter Vorlage der Unterlagen gem. § 90 Abs. 1 BetrVG, u.a. über die Planung von Arbeitsverfahren (Nr. 3) sowie die Arbeitsplätze (Nr. 4)
- die Maßnahme ist gem. § 90 Abs. 2 BetrVG mit dem Betriebsrat zu beraten
- bei konkreter Einführung werden regelmäßig soziale Angelegenheiten nach § 87 BetrVG tangiert:
  - Nr. 1: Kontrollmöglichkeiten schaffen
  - Nr. 2: Arbeitszeit

9 Günther/Böglmüller, ArbRAktuell 2020, 186 ff.

- Nr. 3: Verbindung zur Betriebsstätte
- Nr. 4: Arbeits- und Gesundheitsschutz

Übliche Regelungspunkte in einer Betriebsvereinbarung sind die wöchentliche Anzahl an Home-Office-Tagen, Arbeitsschutz, Datenschutz, Kostenübernahme, Haftung etc.

6. *Wie werden Weiterbeschäftigungsmöglichkeiten im Unternehmen richtigerweise berücksichtigt, wenn die Sozialauswahl in unterschiedlichen Betrieben durchzuführen war?*

Allgemein gilt, dass eine betriebsbedingte Kündigung sozial gerechtfertigt ist, wenn aufgrund einer Unternehmerentscheidung ein Beschäftigungsbedürfnis für einen oder mehrere Arbeitnehmer nicht mehr besteht. Können nicht mehr alle Arbeitnehmer weiterbeschäftigt werden, so ist unter den vergleichbaren Arbeitnehmern eine Sozialauswahl zu treffen.

Um Weiterbeschäftigungsmöglichkeiten berücksichtigen zu können, sind in einem ersten Schritt sämtliche freien Arbeitsplätze zum Zeitpunkt des Zugangs der Kündigungserklärungen bzw. bis zum Ablauf der Kündigungsfristen freiwerdende Arbeitsplätze zu ermitteln. Anders als die Sozialauswahl, die betriebsbezogen durchzuführen ist, sind Weiterbeschäftigungsmöglichkeiten unternehmensweit in die Betrachtung einzubeziehen[10].

In einem nächsten Schritt ist eine betriebsbezogene Sozialauswahl durchzuführen, um erst einmal die Mitarbeiter zu ermitteln, die um die Weiterbeschäftigungsmöglichkeiten konkurrieren (unproblematisch, wenn eine Filiale = ein Betrieb im kündigungsschutzrechtlichen Sinne, was in unserem Fall aber nicht zutrifft). Die nach dem Ergebnis der Sozialauswahl pro Betrieb potentiell von Kündigung betroffenen Mitarbeiter, die auf diese Weise ermittelt wurden, werden in einem nächsten Schritt betriebsübergreifend zusammengefasst. Die bei der Analyse der Weiterbeschäftigungsmöglichkeiten ermittelten freien Stellen werden nun auf diese Mitarbeiter entsprechend den Ergebnissen der Sozialauswahl (und natürlich der Geeignetheit der Mitarbeiter für die betreffenden Stellen) verteilt (Bsp.: Der schutzwürdigste, eigentlich von Kündigung betroffene Mitarbeiter bekommt als erster eine freie Stelle „angeboten“ (Versetzung, ggf. flankiert von einer vorsorglichen Änderungskündigung); Sozialauswahl ana-

---

10 Vgl. hierzu auch Hertzfeldt/Steffens, NZA 2020, 1063.

log. Die Mitarbeiter, für die keine Weiterbeschäftigungsmöglichkeiten bestehen, erhalten eine betriebsbedingte Beendigungskündigung.

Soweit zumindest die Theorie. In der Praxis ist das beschriebene Vorgehen insbesondere in Unternehmen mit Filialbetrieb äußerst kompliziert und fehleranfällig und gefährdet die Fortsetzung des operativen Geschäftsbetriebs. Entsprechend intensiv wurde diese Fragestellung von den Teilnehmern des Workshops diskutiert.

Als pragmatischer Ansatz stellte sich das folgende Vorgehen heraus: Kündigung aller Mitarbeiter in den Schließungsfilialen ohne Sozialauswahl), dann vier Wochen abwarten (dreiwöchige Klagefrist plus eine Woche für die Zustellung der Kündigungsschutzklagen) und dann den Mitarbeitern, die Klage erhoben haben und mit denen sich der Arbeitgeber vorstellen kann, weiter zusammenzuarbeiten, vorrangig Weiterbeschäftigungsmöglichkeiten in der Nähe (der sozial schutzwürdigsten Person der jeweiligen Gesellschaft wird die für sie nächstgelegene freie Stelle angeboten) anbieten.

7. *Wo ist die Massenentlassungsanzeige zu erstatten? Oder sind mehrere Anzeigen zu erstatten?*

Nach neuester Rspr. des BAG[11] dürfte es sich bei der einzelnen Filiale um einen eigenständigen Betrieb im unionsrechtlichen Sinne und damit im Sinne des § 17 KSchG handeln. Erreicht die einzelne Filiale den Schwellenwert des § 17 KSchG, ist eine Massenentlassungsanzeige bei der für den jeweiligen Filialstandort zuständigen Arbeitsagentur zu erstatten.

Die praktische Erfahrung zeigt indes, dass dieses Vorgehen als nicht risikoarm bewertet wird. In Konstellationen dieser Art bietet es sich – sofern es die Zeit zulässt – an, vorsorglich weitere Massenentlassungsanzeigen bzw. eine Sammelanzeige für die unterschiedlichsten Konstellationen zu erstatten.

11 Vgl. nur BAG, Urt. v. 13.02.2020 – 6 AZR 146/19.

Workshop Insolvenzrecht

Rechtsanwalt Henrik Brandenburg und Rechtsanwalt Franz Hackl, München

I. Sachverhalt und Aufgabenstellung

1. Ausgangsfall:

a) Sachverhalt

Über das Vermögen der A-GmbH & Co. KG (Schuldnerin) wurde am 01.10.2019 das Insolvenzverfahren eröffnet und Rechtsanwalt R zum Insolvenzverwalter bestellt. Der zur Insolvenzeröffnung führende Eigeninsolvenzantrag der Schuldnerin ging am 01.07.2019 beim zuständigen Insolvenzgericht ein.

Die Schuldnerin war im Bereich der Luftfahrtindustrie tätig und hatte insbesondere die Produktion von Helikoptern und Kleinflugzeugen zum Geschäftsgegenstand.

Die V-GmbH ist als Komplementärin nicht am Kapital der Schuldnerin beteiligt. Mehrheitskommanditistin der Schuldnerin ist die K-GmbH, die zugleich 100 Prozent der Anteile an der Komplementär-GmbH hält. G ist einzelvertretungsberechtigter Geschäftsführer der Komplementärin sowie Mehrheitsgesellschafter der Kommanditistin. Zudem hält G die Mehrheit der Anteile an der B-GmbH und ist zugleich deren einzelvertretungsberechtigter Geschäftsführer.

Die B-GmbH selbst ist nicht an der Schuldnerin beteiligt. Sie ist jedoch ebenfalls in der Luftfahrtindustrie tätig und insbesondere auf die Produktion diverser Motoren für den Luftfahrtsektor, in dem auch die Schuldnerin tätig war, spezialisiert und stand daher mit der Schuldnerin in einer ständigen Lieferantenbeziehung.

Bereits im Jahr 2015 geriet die Schuldnerin in Zahlungsschwierigkeiten. Zum Zweck der Sanierung der Schuldnerin und zur Aufrechterhaltung der bestehenden Geschäftsbeziehung gewährte die B-GmbH der Schuldnerin ein Darlehen in Höhe von 2,0 Mio. €, das durch eine Grundschuld der K-GmbH an den in ihrem Eigentum stehenden Betriebsgrundstücken in entsprechender Höhe abgesichert wurde.

Das entsprechende Darlehen wurde von der Schuldnerin innerhalb des letzten Jahres vor Insolvenzantragstellung insgesamt noch um einen Betrag in Höhe von 500.000,00 € zurückgeführt.

b) Aufgabenstellung:

1. Wie ist die Rechtslage im Ausgangsfall?
2. Wie ist der Ausgangsfall zu beurteilen, wenn G an der B-GmbH mit 50 Prozent beteiligt ist?
3. Wie ist der Ausgangsfall zu beurteilen, wenn G an der B-GmbH mit 25 Prozent beteiligt ist?
4. Wie ist Aufgabe 3 zu beurteilen, wenn der Darlehensgeberin im Gegenzug zu der Darlehensgewährung Beteiligungsrechte am Gewinn der Schuldnerin sowie wesentliche Stimm-, Mitwirkungs- und Kontrollrechte im Hinblick auf die Geschicke der Schuldnerin eingeräumt wurden?
5. Wie ist Aufgabe 4 zu beurteilen, wenn nicht abschließend geklärt werden kann, ob der Darlehensgeberin tatsächlich derartige unternehmerische Rechte eingeräumt wurden? Wie ist insoweit die zugrundeliegende Darlegungs- und Beweislast verteilt?
6. Wie ist der Ausgangsfall zu beurteilen, wenn G an der K-GmbH mit 25 Prozent und diese wiederum mit einem Kommanditanteil in Höhe von 40 Prozent an der Schuldnerin beteiligt ist?
7. Ist Aufgabe 6 anders zu beurteilen, wenn die K-GmbH einen anderweitigen Geschäftsführer für die V-GmbH stellt?
8. Wie ist der Ausgangsfall zu beurteilen, wenn die Finanzierung der Schuldnerin durch ein Darlehen der X-Bank erfolgt, für das nicht die K-GmbH, sondern die B-GmbH entsprechende Sicherheiten stellt?

2. *Fallvariante 1:*

a) Sachverhalt

Am 03.12.2018 lieferte die B-GmbH an die Schuldnerin 20 Motoren zu einem Gesamtkaufpreis in Höhe von 200.000,00 €, der sofort zur Zahlung fällig war. Die Schuldnerin beglich die Kaufpreisforderung der B-GmbH durch fünf Teilzahlungen in Höhe von jeweils 40.000,00 €. Die Teilzahlungen erfolgten zum 02.01.2019, zum 16.01.2019, zum 01.02.2019, zum 20.02.2019 und zum 20.03.2019.

b) Aufgabenstellung:

1. Wie ist die Rechtslage in Fallvariante 1?
2. Macht es einen Unterschied, ob sich die B-GmbH und die Schuldnerin nachträglich über die o. g. Teilzahlungen verständigt haben oder ob die B-GmbH die Schuldnerin einfach gewähren ließ und ihre Ansprüche nicht weiter aktiv eingefordert hat?
3. Ist die Fallvariante 1 anders zu beurteilen, wenn die B-GmbH und die Schuldnerin von vornherein ausdrücklich vereinbart hatten, dass der Gesamtkaufpreis durch die fünf Teilzahlungen in Höhe von jeweils 40.000,00 € beglichen werden soll und diese vereinbarungsgemäß jeweils auch erst zum Zeitpunkt der entsprechenden Zahlungen fällig waren?
4. Wie ist die Fallvariante 1 zu beurteilen, wenn der Gesamtkaufpreis nach der Vereinbarung der Parteien erst zum 02.01.2019 fällig sein sollte?

3. *Fallvariante 2:*

a) Sachverhalt

Abweichend vom Ausgangsfall verzeichnete die Schuldnerin im Jahr 2019 noch ein deutlich positives Jahresergebnis. Erst ab Anfang des Jahres 2020 geriet die Schuldnerin aufgrund erheblicher Umsatzeinbußen infolge von Auftragsrückgängen und Lieferausfällen im Zuge der COVID-19-Pandemie in eine ernste wirtschaftliche Krise. Aufgrund des akuten Liquiditätsbedarfs gewährte die B-GmbH der Schuldnerin am 01.04.2020 ein Darlehen in Höhe von 500.000,00 €. Nachdem die Schuldnerin eine Anzahlung im Zusammenhang mit einem aussichtsreichen Neuauftrag vereinnahmen konnte, erbrachte sie am 01.07.2020 eine erste Teilrückzahlung auf das Darlehen der B-GmbH in Höhe von 100.000,00 €. Insgesamt konnten die Umsatzerlöse der Schuldnerin in der darauffolgenden Zeit allerdings nicht derart gesteigert werden, um eine nachhaltige Verbesserung der finanziellen Situation zu ermöglichen. Da die liquiden Mittel Ende September 2020 schließlich nicht mehr ausreichten, um sämtliche fälligen Verbindlichkeiten zu begleichen, sah sich die Geschäftsleitung der Schuldnerin am 05.10.2020 zur Eigeninsolvenzantragstellung gezwungen.

b) Aufgabenstellung:

1. Was wird Rechtsanwalt R, der am 8.10.2020 von dem befassten Insolvenzgericht einen entsprechenden Gutachtensauftrag erhält, hierzu in seinem Insolvenzgutachten ausführen?
2. Ist Fallvariante 2 anders zu beurteilen, wenn die Schuldnerin bereits ab Oktober 2019 aufgrund ernsthafter Zahlungsschwierigkeiten nicht mehr sämtliche fälligen Verbindlichkeiten begleichen konnte?

II. Lösungshinweise

1. Ausgangsfall

a) Ursprüngliche Rechtslage

Die teilweise Rückführung des Darlehens könnte gemäß § 135 InsO anfechtbar sein.

Dabei stellt sich zunächst jedoch die Frage nach dem richtigen Anfechtungsgegner. Gegenüber der K-GmbH könnte eine Insolvenzanfechtung gemäß § 135 Abs. 2 InsO in Betracht kommen, da diese durch die teilweise Rückführung des Darlehens in entsprechender Höhe von ihrer Sicherheit befreit wurde. Allerdings scheidet eine Anfechtbarkeit gemäß § 135 Abs. 2 InsO aus, wenn gegenüber der B-GmbH als Zahlungsempfängerin bereits der insoweit vorrangige Anfechtungstatbestand gemäß § 135 Abs. 1 Nr. 2 InsO eingreift. Schließlich erfasst § 135 Abs. 2 InsO nach seinem insoweit eindeutigen Wortlaut nur die Darlehensgewährung durch einen Dritten, der selbst nicht dem Recht der Gesellschafterdarlehen unterfällt.[1]

Damit kommt es im vorliegenden Fall maßgeblich auf die Frage an, ob die B-GmbH als Dritte i.S.d. § 135 Abs. 2 InsO anzusehen oder in den personellen Anwendungsbereich des § 135 Abs. 1 Nr. 2 InsO einbezogen ist.

---

1 BGH, Urt. v. 25.06.2020, Az. IX ZR 243/18, in: NZI 2020, 790 Rn. 13 f. (m. Anm. Huber/Baier); Gehrlein, in: MüKo, § 135 InsO Rn. 37; Hirte, in: Uhlenbruck, § 135 InsO Rn. 16.

Die B-GmbH ist jedenfalls nicht Gesellschafterin der Schuldnerin. Jedoch ist zu berücksichtigen, dass nach dem eindeutigen Willen des Gesetzgebers durch die tatbestandliche Einbeziehung gleichgestellter Forderungen in §§ 39 Abs. 1 Nr. 5, 135 Abs. 1 InsO der Anwendungsbereich des früheren § 32a Abs. 3 S. 1 GmbHG a.F. nicht nur in sachlicher, sondern auch in personeller Hinsicht übernommen werden sollte.[2] Daher kommt es entscheidend darauf an, ob die B-GmbH bei wirtschaftlicher Betrachtung einem Gesellschafter der Schuldnerin gleichzustellen ist, sodass das Darlehen wirtschaftlich einem Gesellschafterdarlehen i.S.d. § 135 Abs. 1 InsO entspricht.

Grundsätzlich ist von einer entsprechenden Gleichstellung auszugehen, wenn es sich um eine Darlehensgewährung verbundener Unternehmen handelt (Darlehen im Konzern). Eine derartige gesellschaftsrechtliche Verbindung kann dabei horizontal oder vertikal ausgestaltet sein.[3]

Eine horizontale Verbindung liegt vor, wenn zwei Schwestergesellschaften durch einen gemeinsamen Gesellschafter (Konzernobergesellschaft) verbunden sind, mithin wenn ein Gesellschafter sowohl an der darlehensnehmenden als auch an der darlehensgebenden Gesellschaft beteiligt ist. Um jedoch der darlehensgebenden Gesellschaft die entsprechende Gesellschafterstellung wirtschaftlich zurechnen zu können, muss es sich in Bezug auf diese um eine maßgebliche Beteiligung des verbindenden Gesellschafters handeln. Davon ist auszugehen, wenn der verbindende Gesellschafter auf die Entscheidungen der darlehensgebenden Gesellschaft einen bestimmenden Einfluss ausüben kann, insbesondere gerade auch im Hinblick auf die entsprechende Darlehensgewährung. Ein bestimmender Einfluss ist dabei insbesondere anzunehmen, wenn der verbindende Gesellschafter der Geschäftsführung der darlehensgewährenden Gesellschaft über Gesellschafterbeschlüsse Weisungen erteilen kann. Sind diese Voraussetzungen erfüllt, muss schließlich davon ausgegangen werden, dass die Darlehensgewährung bei wirtschaftlicher Betrachtung im Schatten des verbindenden Gesellschafters erfolgt, sodass dem Darlehensgeber dessen Gesellschafterstellung zuzurechnen ist.[4]

Von einer vertikalen Verbindung ist hingegen auszugehen, wenn eine Beteiligung zwischen der darlehensgebenden Gesellschaft und einem Ge-

---

2 BT-Drs. 16/6140, 56; Gehrlein, in: MüKo, § 135 InsO Rn. 20.

3 BGH, Urt. v. 21.02.2013, Az. IX ZR 32/12, in: NZI 2013, 308 Rn. 15 (m. Anm. Jungclaus); BGH, Urt. v. 29.01.2015, Az. IX ZR 279/13, in: NZI 2015, 331 Rn. 50 (m. Anm. Schmidt).

4 BGH, Urt. v. 15.11.2018, Az. IX ZR 39/18, in: NZI 2019, 169 Rn. 7, 14 (m. Anm. Haas); Behme, in: MüKo, § 39 InsO Rn. 85.

sellschafter der darlehensnehmenden Gesellschaft besteht, mithin wenn ein Fall der mittelbaren Beteiligung des Darlehensgebers an der Schuldnergesellschaft vorliegt („Gesellschafter-Gesellschafter"). In diesen Fällen ist grundsätzlich von einem hinreichenden gesellschaftsrechtlichen Näheverhältnis auszugehen, sodass die Darlehensgewährung bei wirtschaftlicher Betrachtung letztlich ebenfalls um der Gesellschafterstellung Willen erfolgt und daher eine Gleichstellung des Darlehensgebers mit einem unmittelbaren Gesellschafter der darlehensnehmenden Gesellschaft zu erfolgen hat. Dies gilt insbesondere vor dem Hintergrund, dass sich ein Gesellschafter seiner Verantwortung nicht dadurch entziehen kann, dass er bei einer entsprechenden Darlehensgewährung einfach eine weitere – ggf. eigens für diesen Zweck gegründete – Gesellschaft zwischenschaltet.[5]

Übertragen auf den vorliegenden Fall ist festzustellen, dass es sich um eine Kombination aus einer horizontalen und einer vertikalen Verbindung handelt. Die Schuldnerin und die B-GmbH sind schließlich über G als gemeinsamer Gesellschafter horizontal verbunden. Die Beteiligung von G an der B-GmbH ist auch als maßgeblich zu betrachten, da G als Mehrheitsgesellschafter einen bestimmenden Einfluss auf die Entscheidungen der B-GmbH ausübt. Zugleich ist aber zu berücksichtigen, dass G nur mittelbar über die K-GmbH an der Schuldnerin beteiligt ist, mithin zugleich ein Fall der vertikalen Verbindung vorliegt. Da G aber Mehrheitsgesellschafter der K-GmbH ist und diese ihrerseits wiederum Mehrheitskommanditistin der Schuldnerin, ist G wirtschaftlich einem unmittelbaren Gesellschafter der Schuldnerin gleichzustellen. Damit ist die B-GmbH bei der gebotenen wirtschaftlichen Betrachtung ebenfalls einem Gesellschafter der Schuldnerin gleichzustellen, sodass dieser gegenüber der Anfechtungstatbestand gemäß § 135 Abs. 1 Nr. 2 erfüllt ist.

b) Beteiligung G an B-GmbH 50 Prozent

In diesem Fall stellt sich die Frage nach der für eine hinreichende horizontale Verbindung erforderlichen maßgeblichen Beteiligung des verbindenden Gesellschafters G an der darlehensgewährenden B-GmbH.

Grundsätzlich kann ein bestimmender Einfluss auf die Entscheidungen einer Gesellschaft erst ab einer Beteiligung von über 50 Prozent angenommen werden. Es ist jedoch ebenfalls noch als ausreichend zu erachten,

5 BGH, Urt. v. 15.11.2018, Az. IX ZR 39/18, in: NZI 2019, 169 Rn. 7, 15 (m. Anm. Haas); Behme, in: MüKo, § 39 InsO Rn. 86.

wenn die Beteiligung des verbindenden Gesellschafters an der Darlehensgeberin genau 50 Prozent beträgt, dieser aber zugleich deren einzelvertretungsberechtigter Geschäftsführer ist und auf diese Weise wiederum deren Entscheidungen maßgeblich beeinflussen kann.[6]

Da dies vorliegend der Fall ist, kann ebenso von einer Anfechtbarkeit gegenüber der B-GmbH gemäß § 135 Abs. 1 Nr. 2 InsO ausgegangen werden.

c) Beteiligung G an B-GmbH 25 Prozent

Fraglich ist wiederum die für eine hinreichende horizontale Verbindung erforderliche Maßgeblichkeit der Beteiligung des verbindenden Gesellschafters G an der darlehensgebenden B-GmbH.

Nach den bereits dargestellten Grundsätzen kann hierfür eine Beteiligung von lediglich 25 Prozent, unabhängig von der Stellung als einzelvertretungsberechtigter Geschäftsführer, nicht ausreichen, da ein bestimmender Einfluss auf die Entscheidungen der Darlehensgeberin dadurch nicht ausgeübt werden kann. Mangels hinreichender horizontaler Verbindung scheidet eine wirtschaftliche Gleichstellung der B-GmbH mit einem Gesellschafter der Schuldnerin daher aus, sodass dieser gegenüber auch keine Anfechtung der teilweisen Darlehensrückzahlung gemäß § 135 Abs. 1 Nr. 2 InsO in Betracht kommt.

In diesem Fall ist daher der Weg für eine Insolvenzanfechtung gegenüber der K-GmbH gemäß § 135 Abs. 2 InsO aufgrund der infolge der teilweisen Darlehensrückzahlung in entsprechender Höhe freigewordenen Sicherheit frei.

d) Einräumung umfassender Rechte zu Gunsten der B-GmbH

Die B-GmbH könnte in diesem Fall unabhängig von einer entsprechenden gesellschaftsrechtlichen Verbindung wirtschaftlich einem Gesellschafter der Schuldnerin gleichzustellen sein.

Eine Einbeziehung in den personellen Anwendungsbereich der §§ 39 Abs. 1 Nr. 5, 135 Abs. 1 Nr. 2 InsO aus anderen Gründen kommt in Be-

---

6 BGH, Urt. v. 18.07.2013, Az. IX ZR 219/11, in: NZI 2013, 742 Rn. 24 (m. Anm. Thole); BGH, Urt. v. 29.01.2015, Az. IX ZR 279/13, in: NZI 2015, 331 Rn. 50 (m. Anm. Schmidt).

tracht, wenn sich der Drittdarlehensgeber aufgrund einer Vereinbarung mit der darlehensnehmenden Gesellschaft Rechte und Befugnisse einräumen lässt, aufgrund derer dieser bei wirtschaftlicher Betrachtung eine gesellschafterähnliche Rechtsposition einnimmt. Insoweit kommt es maßgeblich darauf an, ob der Drittdarlehensgeber nach der getroffenen Vereinbarung einen unternehmerischen Einfluss auf die Geschicke der darlehensnehmenden Gesellschaft ausüben kann und an deren wirtschaftlichem Erfolg teilhat, sodass sich die Tätigkeit der Gesellschaft im Ergebnis als eigene unternehmerische Tätigkeit des Darlehensgebers darstellt. Diese Beurteilung hat im Rahmen einer wirtschaftlichen Gesamtbetrachtung unter Würdigung sämtlicher Umstände des jeweiligen Einzelfalles zu erfolgen, wobei unter Berücksichtigung der Wertung des § 39 Abs. 5 InsO insbesondere die Kriterien der Gewinnbeteiligung, der Einräumung gesellschaftergleicher Rechte sowie der Teilhabe an der Geschäftsführung von entscheidender Bedeutung sind.[7]

Übertragen auf den vorliegenden Fall ist festzustellen, dass die B-GmbH am Gewinn der Schuldnerin beteiligt ist und dass dieser wesentliche gesellschafterähnliche Mitwirkungsrechte im Hinblick auf den schuldnerischen Geschäftsbetrieb eingeräumt wurden. Daher ist trotz des Fehlens einer gesellschaftsrechtlichen Verbindung von einem hinreichenden Näheverhältnis sowie der Möglichkeit der unternehmerischen Einflussnahme auf die Geschicke der Schuldnerin, insbesondere auch auf deren Geschäftsführung, auszugehen. Bei dem gebotenen wirtschaftlichen Gesamtvergleich entspricht die Rechtsstellung der B-GmbH damit der Position eines Gesellschafters der Schuldnerin, sodass eine entsprechende Gleichstellung zu erfolgen hat und die Anfechtbarkeit der teilweisen Darlehensrückzahlung gegenüber der B-GmbH gemäß § 135 Abs. 1 Nr. 2 InsO zu bejahen ist.

e) Behandlung von Zweifelsfällen

In diesem Fall ist unklar, ob die B-GmbH als außenstehende Dritte zu betrachten ist, sodass gegenüber der K-GmbH die Insolvenzanfechtung gemäß § 135 Abs. 2 InsO durchgreift, oder ob diese aufgrund der Einräumung umfassender unternehmerischer Rechte wirtschaftlich einem Gesellschafter der Schuldnerin gleichzustellen ist, mit der Folge der vorrangigen

---

7 BGH, Urt. v. 25.06.2020, Az. IX ZR 243/18, in: NZI 2020, 790 Rn. 23, 30 ff. (m. Anm. Huber/Baier).

Anfechtbarkeit der teilweisen Darlehensrückführung direkt gegenüber der B-GmbH gemäß § 135 Abs. 1 Nr. 2 InsO.

Es stellt sich daher die Frage nach der Verteilung der zugrundeliegenden Darlegungs- und Beweislast im Rahmen des Insolvenzanfechtungsanspruchs gemäß § 135 Abs. 2 InsO, insbesondere im Hinblick auf die entscheidende Frage nach der wirtschaftlichen Gleichstellung des Darlehensgebers mit einem Gesellschafter der Schuldnerin.

Nach der Rechtsprechung des BGH hat der nach § 135 Abs. 2 InsO gegenüber dem besichernden Gesellschafter anfechtende Insolvenzverwalter lediglich darzulegen und zu beweisen, dass der Darlehensgeber Dritter, mithin nicht Gesellschafter der Schuldnerin ist. Die Darlegungs- und Beweislast dafür, dass der Darlehensgeber einem Gesellschafter der Schuldnerin wirtschaftlich gleichzustellen und daher in den personellen Anwendungsbereich der insoweit vorrangigen Insolvenzanfechtung gemäß § 135 Abs. 1 Nr. 2 InsO einbezogen ist, trägt hingegen der in Anspruch genommene Gesellschafter als Anfechtungsgegner i.S.d. § 135 Abs. 2 InsO. Der BGH folgert dieses Ergebnis letztlich aus Wertungsgründen unter Berücksichtigung des Normzwecks von § 135 Abs. 2 InsO, wonach die Befreiung von einer Gesellschaftersicherheit durch Tilgung eines Drittdarlehens anfechtungsrechtlich wie die Rückführung eines entsprechenden Gesellschafterdarlehens zu behandeln ist. Vor diesem Hintergrund dürfen Zweifel über die gesellschaftergleiche Rechtsstellung des Darlehensgebers nicht zu einer Enthaftung des Gesellschafters führen, da die Anfechtungsregelungen des § 135 InsO sonst leerzulaufen drohen.[8]

Dieses Ergebnis lässt sich wohl aber auch bereits durch die allgemeinen prozess- bzw. beweisrechtlichen Grundsätze begründen, wonach jede Partei stets die für sie günstigen Umstände darzulegen und zu beweisen hat. Schließlich betrifft die Frage nach der wirtschaftlichen Gleichstellung des Darlehensgebers mit einem Gesellschafter der Schuldnerin mit der Folge der vorrangigen Anfechtbarkeit gemäß § 135 Abs. 1 Nr. 2 InsO einen Gegeneinwand, der für den nach § 135 Abs. 2 InsO in Anspruch genommenen Gesellschafter günstig und daher auch von diesem darzulegen und zu beweisen ist.[9]

Soweit daher vorliegend nicht abschließend geklärt werden kann, ob die Rechtsstellung der

---

8 BGH, Urt. v. 25.06.2020, Az. IX ZR 243/18, in: NZI 2020, 790 Rn. 16ff. (m. Anm. Huber/Baier).

9 Huber/Baier, in: NZI 2020, 790 (796) – Anmerkung zu BGH IX ZR 243/18.

B-GmbH wirtschaftlich der Rechtsposition eines Gesellschafters der Schuldnerin entspricht, kann die K-GmbH der ihr obliegenden Darlegungs- und Beweislast nicht genügen und es ist von einer Anfechtbarkeit dieser gegenüber gemäß § 135 Abs. 2 InsO auszugehen.

f) Beteiligung G an K-GmbH 25 Prozent und K-GmbH an Schuldnerin 40 Prozent

Es stellt sich die Frage nach einer hinreichenden vertikalen Verbindung zwischen der Schuldnerin und G.

Wie bei einem Darlehen des unmittelbaren Gesellschafters ist im Fall der mittelbaren (vertikalen) Beteiligung keine über das Kleinbeteiligungsprivileg gemäß § 39 Abs. 5 InsO hinausgehende Mindestbeteiligung erforderlich. Schließlich stellt bereits die mittelbare Beteiligung an sich ein hinreichendes gesellschaftsrechtliches Näheverhältnis dar, das eine entsprechende wirtschaftliche Gleichstellung mit einem unmittelbaren Gesellschafter rechtfertigt. Insoweit können daher die zur horizontalen Verbindung entwickelten Grundsätze nicht übertragen werden und es ist gerade keine maßgebliche (beherrschende) Beteiligung des mittelbaren Gesellschafters am unmittelbaren Gesellschafter erforderlich. Dies gilt insbesondere vor dem Hintergrund, dass die insolvenzrechtlichen Bestimmungen zur Behandlung von Gesellschafterdarlehen durch Zwischenschalten einer weiteren – ggf. eigens für diesen Zweck gegründeten – Gesellschaft nicht ausgehebelt werden dürfen. Somit ist jedenfalls von einer hinreichenden vertikalen Verbindung auszugehen, wenn die Mediatisierung nicht dazu führt, dass zugunsten des mittelbaren Gesellschafters das Kleinbeteiligungsprivileg gemäß § 39 Abs. 5 InsO eingreift. Für diese Beurteilung multipliziert der BGH die einzelnen Beteiligungsstufen miteinander und berechnet auf diese Art und Weise letztlich den wirtschaftlichen Wert der mittelbaren Beteiligung.[10]

Übertragen auf den vorliegenden Fall bedeutet dies, dass die Beteiligung von G an der K-GmbH in Höhe von 25 Prozent mit der Beteiligung der K-GmbH an der Schuldnerin in Höhe von 40 Prozent zu multiplizieren ist. Hieraus ergibt sich ein wirtschaftlicher Wert der mittelbaren Beteiligung in Höhe von 10 Prozent, sodass die Kleinbeteiligungsschwelle gemäß § 39 Abs. 5 InsO nicht überschritten wird. Jedoch ist zu beachten, dass G

---

10 BGH, Urt. v. 15.11.2018, Az. IX ZR 39/18, in: NZI 2019, 169 Rn. 15 (m. Anm. Haas).

zugleich einzelvertretungsberechtigter Geschäftsführer der V-GmbH als Komplementärin der Schuldnerin ist, weshalb das Kleinbeteiligungsprivileg gemäß § 39 Abs. 5 InsO letztlich doch nicht zum Tragen kommt[11] und eine hinreichende vertikale Verbindung angenommen werden kann.

Eine Anfechtbarkeit der Darlehensrückzahlung gegenüber der B-GmbH gemäß § 135 Abs. 1 Nr. 2 InsO ist damit auch in diesem Fall zu bejahen.

g) Anderweitiger Geschäftsführer der V-GmbH

Es stellt sich wiederum die Frage nach einer hinreichenden vertikalen Verbindung zwischen der Schuldnerin und G.

Wie bereits dargestellt, führt die Mediatisierung dazu, dass die Kleinbeteiligungsschwelle gemäß § 39 Abs. 5 InsO nicht überschritten wird. Daher kommt es für eine hinreichende vertikale Verbindung wiederum maßgeblich darauf an, ob G an der Geschäftsführung der Schuldnerin beteiligt ist. Da in diesem Fall jedoch von der K-GmbH ein anderweitiger Geschäftsführer für die V-GmbH als Komplementärin der Schuldnerin gestellt wird, ist auch diese Voraussetzung nicht erfüllt, sodass zugunsten von G das Kleinbeteiligungsprivileg gemäß § 39 Abs. 5 InsO eingreift und einer hinreichenden vertikalen Verbindung zwischen der Schuldnerin und G entgegensteht. Da G einem unmittelbaren Gesellschafter der Schuldnerin damit nicht gleichzustellen ist, kann auch der B-GmbH folgerichtig keine entsprechende Gesellschafterstellung zugerechnet werden, d.h. der „Fehler" im Rahmen der vertikalen Verbindung schlägt im Ergebnis auf die horizontale Verbindung durch.

Ein Anfechtungsanspruch gegenüber der B-GmbH gemäß § 135 Abs. 1 Nr. 2 InsO scheidet daher aus, sodass wiederum der Weg für eine Anfechtung gegenüber der K-GmbH gemäß § 135 Abs. 2 InsO frei ist.

h) Sicherheit B-GmbH für Darlehen der X-Bank

Da es sich bei der darlehensgewährenden X-Bank um eine außenstehende Dritte handelt, scheidet jedenfalls insoweit eine grundsätzlich vorrangige Anfechtbarkeit der teileweisen Darlehensrückzahlung gemäß § 135 Abs. 1 Nr. 2 InsO aus und es stellt sich die Frage nach einem Anfechtungsan-

---

11 BGH, Urt. v. 15.11.2018, Az. IX ZR 39/18, in: NZI 2019, 169 Rn. 15 (m. Anm. Haas).

spruch gegenüber der B-GmbH gemäß § 135 Abs. 2 InsO, da diese durch die Zahlung in entsprechender Höhe von ihrer Sicherheit befreit wurde.

Jedoch ist in diesem Fall zu beachten, dass auch die besichernde B-GmbH keine Gesellschafterin der Schuldnerin ist. Wie bereits dargestellt, ist die B-GmbH aufgrund der (horizontalen und vertikalen) gesellschaftsrechtlichen Verbindung im Ausgangsfall einem Gesellschafter der Schuldnerin lediglich wirtschaftlich gleichzustellen und deshalb jedenfalls in den personellen Anwendungsbereich des § 135 Abs. 1 Nr. 2 InsO einbezogen.

Fraglich ist jedoch, ob die B-GmbH aufgrund dieser wirtschaftlichen Gleichstellung auch in den personellen Anwendungsbereich des § 135 Abs. 2 InsO einbezogen ist. Schließlich stellt der Wortlaut von § 135 Abs. 2 InsO im Hinblick auf die Person des Sicherungsgebers ausdrücklich nur auf Gesellschafter ab und gerade nicht auch auf wirtschaftlich gleichgestellte Dritte.

Zu beachten ist aber, dass die Besicherung eines Drittdarlehens durch einen Gesellschafter oder einen gleichgestellten Dritten wirtschaftlich einer Darlehensgewährung durch den Gesellschafter oder den gleichgestellten Dritten entspricht. Anfechtungsrechtlich kann und darf es daher keinen Unterschied machen, ob ein Gesellschafter oder ein gleichgestellter Dritter direkt eine Zahlung zur Befriedigung einer Darlehensforderung erhält oder durch eine Zahlung auf ein Drittdarlehen von einer bestellten Sicherheit frei wird. Da die direkte Darlehensrückführung an einen Gesellschafter oder einen gleichgestellten Dritten ohne Weiteres gemäß § 135 Abs. 1 Nr. 2 InsO anfechtbar wäre, muss das einer derartigen Befriedigung wirtschaftlich entsprechende Freiwerden des Gesellschafters oder des gleichgestellten Dritten von einer Sicherheit durch die Rückführung eines Drittdarlehens gemäß § 135 Abs. 2 InsO in gleicher Weise der Insolvenzanfechtung unterliegen.[12]

Um den Regelungszweck der §§ 39 Abs. 1 Nr. 5, 135 InsO vollumfassend zu verwirklichen und eine missbräuchliche Umgehung dieser Regelungen des Gesellschafterdarlehensrechts zu verhindern, muss die B-GmbH als wirtschaftlich einem Gesellschafter der Schuldnerin gleichgestellte Dritte daher auch in den personellen Anwendungsbereich von § 135 Abs. 2 InsO einbezogen werden. Ein entsprechender Insolvenzanfechtungsanspruch gegenüber der B-GmbH gemäß § 135 Abs. 2 InsO ist damit

---

12 BGH, Urt. v. 25.06.2020, Az. IX ZR 243/18, in: NZI 2020, 790 Rn. 18 (m. Anm. Huber/Baier); BGH, Urt. v. 20.02.2014, Az. IX ZR 164/13, in: NZI 2014, 321 Rn. 18.

aufgrund ihrer infolge der teilweisen Darlehensrückzahlung freigewordenen Sicherheit zu bejahen.

2. *Fallvariante 1*

a) Ursprüngliche Rechtslage

Es stellt sich die Frage nach der Anfechtbarkeit der Teilzahlungen der Schuldnerin an die B-GmbH gemäß § 135 Abs. 1 Nr. 2 InsO.

Da sich die gesellschaftsrechtlichen Verhältnisse wie im Ausgangsfall darstellen, ist eine hinreichende vertikale sowie horizontale Verbindung zwischen der Schuldnerin und der B-GmbH zu bejahen, sodass jedenfalls der personelle Anwendungsbereich des § 135 Abs. 1 Nr. 2 InsO eröffnet ist.

Fraglich ist jedoch, ob die Teilzahlungen der Schuldnerin auch vom sachlichen Anwendungsbereich des § 135 Abs. 1 Nr. 2 InsO erfasst werden. Schließlich geht es in dieser Fallvariante nicht um eine Darlehensgewährung der B-GmbH an die Schuldnerin, sondern vielmehr um eine Forderung aus Lieferung und Leistung.

Allerdings wurde in §§ 39 Abs. 1 Nr. 5, 135 Abs. 1 Nr. 2 InsO die frühere Regelung des § 32a Abs. 3 S. 1 GmbHG a.F. auch in sachlicher Hinsicht übernommen, sodass davon auch anderweitige Forderungen erfasst werden, die wirtschaftlich einem Darlehen entsprechen.[13] Insbesondere betrifft dies auch Forderungen aus Austauschgeschäften, die gestundet werden. Schließlich bewirkt auch eine Stundung bei der gebotenen wirtschaftlichen Betrachtung grundsätzlich eine Umqualifizierung in eine Darlehensgewährung, da die entsprechende Forderung in diesem Fall gleich einem Darlehen kapitalmäßig genutzt und dadurch auf die Beschaffung anderweitiger Kreditmittel verzichtet werden kann. Durch die Stundung einer derartigen Forderung aus Lieferung und Leistung tritt mithin die typischerweise mit einer entsprechenden Liquiditätsverschaffung bzw. -belassung verbundene und auch bezweckte Finanzierungsfunktion an die Stelle der ursprünglich für das Geschäft prägenden Austauschfunktion.[14]

Jedoch ist zu beachten, dass nicht schon bereits jede noch so kurzfristige Stundung zu einer Umqualifizierung in eine Darlehensgewährung und damit zu einer Anfechtbarkeit späterer Zahlungen darauf gemäß § 135 Abs. 1 Nr. 2 InsO führen darf, da man einen entsprechenden Finanzierungscha-

---

13 BT-Drs. 16/6140, 56; Gehrlein, in: MüKo, § 135 InsO Rn. 20.

14 BGH, Urt. v. 11.07.2019, Az. IX ZR 210/18, in: NZI 2019, 810 Rn. 14.

rakter einer Stundung erst ab der Überschreitung einer gewissen zeitlichen Schwelle wird annehmen können.[15] Damit stellt sich an dieser Stelle die für die Einordnung einer Forderung aus einem Austauschgeschäft als darlehensgleich i.S.d. § 135 Abs. 1 Nr. 2 InsO entscheidende Frage nach den zeitlichen Grenzen einer entsprechenden Stundung.

In Anlehnung an die bisherige Rechtsprechung des BGH zum Bargeschäftsprivileg gemäß § 142 InsO ist jedenfalls ein Zeitraum von bis zu 30 Tagen als unproblematisch zu betrachten, da eine Forderung in diesem kurzen Zeitraum nicht derart kapitalmäßig nutzbar gemacht werden kann, um auf anderweitige Kreditmittel verzichten zu können.[16] Bei einem Zeitraum über 30 Tage hinaus kommt es für die Umqualifizierung einer Stundung in eine Darlehensgewährung nach der Rechtsprechung des BGH hingegen entscheidend darauf an, ob der entsprechende Zahlungsaufschub noch als marktüblich angesehen werden kann. Dabei kann jedoch nicht schon jede geringfügige Überschreitung der verkehrsüblichen Zahlungsfristen für die Annahme einer entsprechenden Darlehensgleichheit genügen, sondern diese müssen vielmehr eindeutig und unzweifelhaft überschritten werden. Dies ist nach der Rechtsprechung des BGH jedenfalls bei einem Zeitraum von über drei Monaten der Fall.[17] Der BGH statuiert damit eine zeitliche Höchstgrenze für die Stundung von Forderungen, ab deren Überschreiten eine Regelvermutung für das Vorliegen einer Darlehensgleichheit i.S.d. § 135 Abs. 1 Nr. 2 InsO eingreift. Dadurch ergibt sich schließlich ein zeitlicher Rahmen von 30 Tagen bis zu drei Monaten, der im jeweiligen Einzelfall durch das vom BGH aufgestellte Kriterium der Marktüblichkeit im Wege einer wirtschaftlichen Gesamtbetrachtung auszufüllen ist.

Hierbei stellt sich allerdings die Frage, wie die Marktüblichkeit eines Zahlungsaufschubs konkret zu beurteilen bzw. nachzuweisen ist. Da der BGH dies völlig offen lässt und das von ihm für maßgeblich gehaltene Kriterium der Marktüblichkeit damit nicht hinreichend klar umrissen wird, sind Stundungen, die in den problematischen Zeitraum zwischen 30 Tagen und drei Monaten fallen, mit einer erheblichen Rechtsunsicherheit behaftet. Um dieser Rechtsunsicherheit zu begegnen, wird für die Praxis die Orientierung an einem Stufenmodell vorgeschlagen. Auf erster Stufe stehen demnach Stundungen von bis zu 30 Tagen, die entsprechend den

---

15 BGH, Urt. v. 11.07.2019, Az. IX ZR 210/18, in: NZI 2019, 810 Rn. 15.

16 BGH, Urt. v. 11.07.2019, Az. IX ZR 210/18, in: NZI 2019, 810 Rn. 13; Huber, in: NZI 2020, 149 (150); BGH, Urt. v. 10.07.2014, Az. IX ZR 192/13, in: NZI 2014, 775 Rn. 50 f. (m. Anm. Froehner).

17 BGH, U. v. 11.07.2019, Az. IX ZR 210/18, in: NZI 2019, 810 Rn. 15.

Grundsätzen des Bargeschäftsprivilegs i.S.d. § 142 BGB als unschädlich zu betrachten sind. Auf zweiter Stufe stehen Stundungen, die diesen Bargeschäftszeitraum von 30 Tagen nur geringfügig überschreiten und demnach ebenfalls als unproblematisch zu bewerten sind. Ein entsprechend geringfügiges Überschreiten kann dabei wohl noch bei Stundungen von bis zu 45 Tagen angenommen werden, zumal nach der Wertung des Gesetzgebers ein Zeitraum von bis zu 14 Tagen noch als „unverzüglich" angesehen werden kann.[18] Auf dritter Stufe stehen Stundungen von 45 bis zu 60 Tagen. Bei diesen ist bereits eine erhöhte Vorsicht geboten und die marktüblichen Zahlungsbedingungen sollten von dem betroffenen Gesellschafter sorgfältig ermittelt und für spätere Beweiszwecke dokumentiert werden. Auf vierter Stufe stehen Stundungen zwischen 60 und 90 Tagen. Insoweit wird die Annahme einer Marktüblichkeit wohl zunehmend die Ausnahme darstellen und ein entsprechender Zahlungsaufschub sollte gründlich geprüft werden. Auf fünfter Stufe stehen schließlich Stundungen, welche die vom BGH für die Beurteilung marktüblicher Zahlungskonditionen aufgestellte Höchstfrist von drei Monaten überschreiten und damit eine Regelvermutung für die Darlehensgleichheit i.S.d. §§ 135 Abs. 1 Nr. 2, 39 Abs. 1 Nr. 5 InsO auslösen.[19]

Übertragen auf den vorliegenden Fall ist daher zwischen den einzelnen Teilzahlungen zu differenzieren:

Die Teilzahlung vom 02.01.2019 erfolgte 30 Tage nach Lieferung und Fälligkeit zum 03.12.2018. Da dieser Zeitraum nach den bereits dargestellten Grundsätzen im Kontext des Gesellschafterdarlehensrechts als unproblematisch anzusehen ist, scheidet insoweit eine Anfechtbarkeit gemäß § 135 Abs. 1 Nr. 2 InsO aus.

Die Teilzahlung vom 16.01.2019 erfolgte 44 Tage nach Lieferung und Fälligkeit zum 03.12.2018. Da der unschädliche Zeitraum von 30 Tagen dabei nur geringfügig überschritten wurde, scheidet auch insoweit eine Anfechtbarkeit gemäß § 135 Abs. 1 Nr. 2 InsO aus.

Die Teilzahlung vom 01.02.2019 erfolgte 60 Tage nach Lieferung und Fälligkeit zum 03.12.2018. Die Beurteilung, ob dieser Zahlungsaufschub noch als marktüblich betrachtet werden kann, hat anhand der Umstände des konkreten Einzelfalles zu erfolgen und kann an dieser Stelle mangels der hierfür erforderlichen Informationen (z. B. Branchendaten) nicht abschließend vorgenommen werden. Da es sich aber um einen Zahlungsauf-

18 Armbrüster, in: MüKo, § 121 BGB Rn. 7; Ellenberger, in: Palandt, § 121 BGB Rn. 3.

19 Zu diesem Stufenmodell vgl. Ansatz von Huber, in: NZI 2020, 149 (152).

schub auf dritter Stufe handelt, erscheint eine Marktüblichkeit noch durchaus realistisch, sodass die Gleichstellung mit einer Darlehensgewährung im Rahmen der Insolvenzanfechtung gemäß § 135 Abs. 1 Nr. 2 InsO einen erhöhten Ermittlungs- und Begründungsaufwand des Insolvenzverwalters erfordern wird.

Die Teilzahlung vom 20.02.2019 erfolgte 79 Tage nach Lieferung und Fälligkeit zum 03.12.2018. Die Marktüblichkeit dieses Zahlungsaufschubs richtet sich wiederum nach den Umständen des konkreten Einzelfalles und kann vorliegend mangels der dazu benötigten Informationen (z. B. Branchendaten) nicht abschließend beurteilt werden. Vor dem Hintergrund, dass es sich dabei um einen Zahlungsaufschub auf vierter Stufe handelt, erscheint eine Marktüblichkeit jedoch bereits eher fernliegend, sodass die Tendenz insoweit eher in Richtung Darlehensgleichheit und damit Anfechtbarkeit gemäß § 135 Abs. 1 Nr. 2 InsO geht.

Die Teilzahlung vom 20.03.2019 erfolgte 107 Tage nach Lieferung und Fälligkeit zum 03.12.2018. Da dieser Zahlungsaufschub über die vom BGH statuierte Höchstfrist von drei Monaten hinausgeht, greift die insoweit entwickelte Regelvermutung für ein Überschreiten der marktüblichen Zahlungsfristen und es ist mangels anderweitiger Anhaltspunkte für eine Widerlegung dieser Vermutung von einer Umqualifizierung in eine Darlehensgewährung und damit von einer Anfechtbarkeit gemäß § 135 Abs. 1 Nr. 2 InsO auszugehen.

b) Stundungsvereinbarung vs. einfaches „Stehenlassen“

Nach den bereits dargestellten Grundsätzen zur Umqualifizierung der Stundung einer Forderung aus einem Austauschgeschäft in eine Darlehensgewährung i.S.d. § 135 Abs. 1 Nr. 2 InsO kann und darf es keinen Unterschied machen, ob eine Stundung der Forderung ausdrücklich vereinbart wird oder nur konkludent bzw. rein faktisch durch das bloße „Stehenlassen“ der Forderung bzw. durch schlichtes Nichteinfordern erfolgt.[20] Maßgeblich ist ausschließlich, dass ab einer gewissen zeitlichen Grenze eine relevante Liquiditätsverschaffung erfolgt und damit die Finanzierungsfunktion der Stundung bzw. des „Stehenlassens“ der Forderung den Austauschcharakter des ursprünglichen Rechtsgeschäfts verdrängt, sodass

---

20 Behme, in: MüKo, § 39 InsO Rn. 73; BGH, Urt. v. 28.11.1994, Az. II ZR 77/93, in: NJW 1995, 457 (458); BGH, Urt. v. 11.07.2019, Az. IX ZR 210/18, in: NZI 2019, 810 Rn. 13.

von einer Darlehensgleichheit und Anfechtbarkeit anschließender Zahlungen gemäß § 135 Abs. 1 Nr. 2 InsO ausgegangen werden muss. Nur so kann dem Regelungszweck der §§ 39 Abs. 1 Nr. 5, 135 InsO vollumfänglich Rechnung getragen und der Gefahr einer missbräuchlichen Umgehung der entsprechenden gesetzlichen Bestimmungen entgegengewirkt werden, sodass diese Beurteilung auch im Sinne der Rechtssicherheit als zwingend geboten erscheint.

c) Behandlung von Fälligkeitsvereinbarungen

Es stellt sich die Frage, ob die Rechtslage anders zu beurteilen ist, wenn es sich nicht um eine Stundung der Forderung handelt, sondern wenn von vornherein bereits eine entsprechende Vereinbarung über die Fälligkeit der Forderung abgeschlossen wird.

Auch insoweit ist nach den bisherigen Erwägungen zwingend eine Gleichbehandlung mit den Fällen der Stundung einer Forderung geboten, da ansonsten wiederum die Gefahr der Umgehung und Entwertung der Regelungen des Gesellschafterdarlehensrechts gemäß §§ 39 Abs. 1 Nr. 5, 135 InsO droht. Schließlich steht bei der gebotenen wirtschaftlichen Betrachtung auch im Fall einer entsprechenden Fälligkeitsvereinbarung ab einer gewissen zeitlichen Grenze die Finanzierungsfunktion im Vordergrund und gerade nicht mehr der Austauschcharakter des ursprünglichen Rechtsgeschäfts.[21]

Im Ergebnis geht es letztlich in allen Fällen um einen Zahlungsaufschub, der ab einem gewissen Zeitpunkt zu einer relevanten Liquiditätsverschaffung führt, mit der Folge, dass sich die Beschaffung anderweitiger Kreditmittel als entbehrlich erweist und daher von einer Darlehensähnlichkeit sowie Anfechtbarkeit entsprechender Zahlungen darauf gemäß § 135 Abs. 1 Nr. 2 InsO ausgegangen werden muss.

---

21 BGH, Urt. v. 11.07.2019, Az. IX ZR 210/18, in: NZI 2019, 810 Rn. 16; BGH, Urt. v. 28.11.1994, Az. II ZR 77/93, in: NJW 1995, 457 (458); Behme, in: MüKo, § 39 InsO Rn. 73.

d) Kombination von Fälligkeitsvereinbarung und Stundung

Schließlich bleibt noch die Frage nach der Behandlung einer Kombination von Fälligkeitsvereinbarung und Stundung im Hinblick auf die zugrundeliegende Forderung.

Der BGH stellt zwar im Zusammenhang mit der Ermittlung der von ihm für entsprechende Zahlungsaufschübe als maßgeblich erachteten Höchstfrist von drei Monaten ausdrücklich auf den Zeitpunkt der Fälligkeit der zugrundeliegenden Forderung ab.[22] Dies würde bedeuten, dass eine zusätzlich abgeschlossene Fälligkeitsvereinbarung insoweit unberücksichtigt bleibt. Jedoch ist davon auszugehen, dass es sich hierbei um ein redaktionelles Versehen handelt, da sich die Frage nach dem richtigen zeitlichen Anknüpfungspunkt für den Beginn der entsprechenden Dreimonatsfrist in dem vom BGH entschiedenen Fall aufgrund seiner Eindeutigkeit gar nicht erst gestellt hatte. Das Gebot der Rechtssicherheit sowie die umfassende Verwirklichung des Regelungszwecks der §§ 39 Abs. 1 Nr. 5, 135 InsO gebieten für die Beurteilung der Darlehensgleichheit einer Forderung aus einem Austauschgeschäft bei Zusammentreffen von Fälligkeitsvereinbarung und Stundung vielmehr eine wirtschaftliche Gesamtbetrachtung der entsprechenden Zeiträume. Für die Ermittlung der zeitlichen Grenzen „unschädlicher" Zahlungsaufschübe ist somit vorzugswürdig stets einheitlich auf den Zeitpunkt der entsprechenden Leistungserbringung abzustellen. Schließlich darf die Aufteilung in zwei separate Zahlungsaufschübe, die womöglich für sich genommen noch als marktüblich betrachtet werden können, nicht dazu führen, dass die vom BGH statuierte Höchstfrist von drei Monaten faktisch verlängert und damit ausgehebelt wird. Entscheidend ist insoweit, dass auch mehrere separate Zahlungsaufschübe im Hinblick auf die gleiche Forderung in ihrer gesamtheitlichen Wirkung ab einer gewissen zeitlichen Grenze zu einer relevanten Liquiditätsverschaffung führen und daher die Beschaffung anderweitiger Kreditmittel entbehrlich machen.[23]

Die Kombination von Fälligkeitsvereinbarung und Stundung ist im Hinblick auf dieselbe Forderung damit wie ein einheitlicher Zahlungsaufschub zu beurteilen. Der dabei jedenfalls nach Überschreiten der Höchstfrist von drei Monaten ab Leistungserbringung in den Vordergrund tretende Finanzierungszweck muss daher in gleicher Weise zu einer Umqualifi-

---

22 BGH, Urt. v. 11.07.2019, Az. IX ZR 210/18, in: NZI 2019, 810 Rn. 18.

23 Vgl. auch Huber, in: NZI 2020, 149 (150); a. A. Neußner, in: EWiR 2019, 593 (594).

zierung in eine Darlehensgewährung und Anfechtbarkeit anschließender Zahlungen darauf gemäß § 135 Abs. 1 Nr. 2 InsO führen.

3. *Fallvariante 2*

a) Ursprüngliche Rechtslage

Es stellt sich die Frage nach der Anfechtbarkeit der Darlehensrückzahlung gegenüber der B-GmbH gemäß § 135 Abs. 1 Nr. 2 InsO.

Wie bereits dargestellt, sind die entsprechenden Anfechtungsvoraussetzungen insoweit grundsätzlich erfüllt. Möglicherweise wird die Anfechtbarkeit in diesem Fall jedoch durch das Gesetz zur vorübergehenden Aussetzung der Insolvenzantragspflicht und zur Begrenzung der Organhaftung bei einer durch die COVID-19-Pandemie bedingten Insolvenz (COVInsAG)[24] eingeschränkt.

Für Darlehensrückzahlungen und die Bestellung von Kreditsicherheiten gilt die Privilegierung des § 2 Abs. 1 Nr. 2 COVInsAG.

Voraussetzung hierfür ist zunächst, dass die Insolvenzantragspflicht ausgesetzt ist. Dies ist gemäß § 1 Abs. 1 S. 1, S. 2 COVInsAG der Fall, wenn die Insolvenzreife auf den Folgen der COVID-19-Pandemie beruht und Aussichten darauf bestehen, eine bestehende Zahlungsunfähigkeit zu beseitigen. Gemäß § 1 Abs. 1 S. 3 COVInsAG greift hierfür eine widerlegbare Vermutung, wenn bis einschließlich zum 31.12.2019 Zahlungsfähigkeit vorlag. Sind diese Voraussetzungen erfüllt, ist die Insolvenzantragspflicht im Fall der Zahlungsunfähigkeit gemäß § 1 Abs. 1 S. 1 COVInsAG vom 01.03.2020 bis zum 30.09.2020 und im Fall der Überschuldung gemäß § 1 Abs. 2 COVInsAG vom 01.03.2020 bis zum 31.12.2020 ausgesetzt.

Voraussetzung für das Eingreifen der Privilegierung gemäß § 2 Abs. 1 Nr. 2 COVInsAG ist ferner, dass es sich um einen neuen Kredit oder eine neue Besicherung[25] eines solchen Kredits handelt. Davon ist auszugehen, wenn die Darlehensgewährung bzw. die Besicherung im Aussetzungszeitraum gemäß § 1 COVInsAG erfolgt ist, wobei maßgeblich auf den Zeitpunkt der Darlehensauszahlung bzw. der Bestellung der Sicherheit abzustellen ist. Für Gesellschafterdarlehen oder gleichgestellte Rechtshandlun-

---

24 Vgl. Art. 1 des Gesetzes zur Abmilderung der Folgen der COVID-19-Pandemie im Zivil-, Insolvenz- und Strafverfahrensrecht (COVID-19-AbmilderungsG).

25 Fraglich, ob insoweit nur anfängliche oder auch nachträgliche Besicherungen erfasst, vgl. Borries, in: Uhlenbruck, § 2 COVInsAG Rn. 29.

gen enthält § 2 Abs. 1 Nr. 2 Alt. 2 COVInsAG eine ausdrückliche Regelung, wonach deren Besicherung ausdrücklich ausgenommen wird.

Sind die Voraussetzungen der Privilegierung gemäß § 2 Abs. 1 Nr. 2 COVInsAG erfüllt, führt dies zu einer gesetzlichen Kupierung von § 129 Abs. 1 InsO durch einen fingierten Wegfall der Gläubigerbenachteiligung als Grundvoraussetzung der Insolvenzanfechtung.[26] Demnach werden Darlehensrückzahlungen bis einschließlich zum 30.09.2023 von der Anfechtbarkeit ausgenommen und die Nachrangigkeit entsprechender Forderungen gemäß § 39 Abs. 1 Nr. 5 InsO sowie die Regelung des § 44a InsO in einem bis zum 30.09.2023 beantragten Insolvenzverfahren ausgeschlossen.

Übertragen auf den vorliegenden Fall ist festzustellen, dass zum 31.12.2019 noch keine Zahlungsunfähigkeit der Schuldnerin ersichtlich ist, sodass gemäß § 1 Abs. 1 S. 3 COVInsAG vermutet wird, dass deren Insolvenzreife auf den Folgen der COVID-19-Pandemie beruht und Aussichten auf die Beseitigung der Zahlungsunfähigkeit bestanden. Auch sind keine Anhaltspunkte für eine Widerlegung dieser Vermutung ersichtlich, sodass von einer Aussetzung der Insolvenzantragspflicht wegen Zahlungsunfähigkeit gemäß § 1 Abs. 1 S. 1, S. 2 COVInsAG vom 01.03.2020 bis zum 30.09.2020 auszugehen ist. Da die gegenständliche Darlehensgewährung vom 01.04.2020 in den Aussetzungszeitraum gemäß § 1 Abs. 1 S. 1 COVInsAG fällt, handelt es sich insoweit auch um einen neuen Kredit i.S.d. § 2 Abs. 1 Nr. 2 COVInsAG. Damit ist die entsprechende Darlehensrückzahlung vom 01.07.2020 privilegiert und eine Insolvenzanfechtung gemäß § 135 Abs. 1 Nr. 2 InsO insoweit ausgeschlossen.

b) Zahlungsunfähigkeit bereits im Oktober 2019

Im Unterschied zur vorhergehenden Fallgestaltung ist nun von einem Eintritt der Zahlungsunfähigkeit der Schuldnerin bereits vor dem 31.12.2019 auszugehen, sodass die Vermutungsregelung des § 1 Abs. 1 S. 3 COVInsAG nicht greift. Zudem ist davon auszugehen, dass die Auswirkungen der COVID-19-Pandemie im Zeitpunkt des Eintritts der wirtschaftlichen Krise der Schuldnerin bereits im Oktober 2019 für diese noch gar nicht spürbar waren, sodass dem nach § 1 Abs. 1 S. 2 COVInsAG darlegungs- und beweisbelasteten Insolvenzverwalter vorliegend wohl der Nachweis gelingen wird, dass die Insolvenzreife gerade nicht auf den Folgen der COVID-19-Pande-

26 Borries, in: Uhlenbruck, § 2 COVInsAG Rn. 31 f.

mie beruht und daher die Aussetzung der Insolvenzantragspflicht gemäß § 1 Abs. 1 S. 1, S. 2 COVInsAG nicht eingreift.

Damit ist die entsprechende Darlehensrückzahlung vom 01.07.2020 in diesem Fall nicht gemäß § 2 Abs. 1 Nr. 2 COVInsAG privilegiert, sodass von einer entsprechenden Anfechtbarkeit gemäß § 135 Abs. 1 Nr. 2 InsO auszugehen ist.

Sorgfaltsmaßstab der Organ- und Insolvenzverwalterhaftung – Anwendbarkeit der Business Judgement Rule

Professor Dr. Markus Gehrlein, Richter am IX. Senat des Bundesgerichtshofes, Karlsruhe

I. Einleitung

Der Bundesgerichtshof hatte in einer neueren Entscheidung[1] über die Inanspruchnahme eines Insolvenzverwalters wegen verschiedener Pflichtwidrigkeiten im Rahmen einer Unternehmensfortführung zu entscheiden. Soweit es sich um unternehmerische Entscheidungen handelt, wurde dem Insolvenzverwalter die Berufung auf die Business Judgement Rule versagt.[2] Dieser Bewertung ist im konkreten Fall sicher beizupflichten. Die Entscheidung wirft aber weitere Fragen auf. Der Sorgfaltsmaßstab der Geschäftsleiter und des Insolvenzverwalters sind von Gesetzes wegen eigenständig ausgestaltet. Deshalb drängt sich die grundlegende Frage auf, ob sich aus einer unterschiedlichen Tatbestandsfassung unterschiedliche Sorgfaltsmaßstäbe ergeben und die Business Judgement Rule auf die Organhaftung beschränkt ist. Diesem Themenkreis will sich der nachfolgende Beitrag widmen.

II. Die gesetzliche Ausgestaltung des Pflichtenmaßstabes

Betrachtet man die maßgeblichen Vorschriften, finden sich mehr oder weniger ähnliche Formulierungen, um den Pflichtenmaßstab der Organe und des Insolvenzverwalters zu konkretisieren.

1. Aktienrechtlicher Pflichtenmaßstab

Die Grundregel für Haftung von Vorstandsmitgliedern stellt § 93 Abs. 1 S. 1 AktG auf. Die Vorstandsmitglieder haben nach dieser Bestimmung bei

1 BGH, Urteil vom 12. März 2020 – IX ZR 125/17, WM 2020, 969.
2 BGH, Urteil vom 12. März 2020 – IX ZR 125/17, WM 2020, 969 Rn. 29 ff.

ihrer Geschäftsführung die Sorgfalt eines ordentlichen und gewissenhaften Geschäftsleiters anzuwenden. Die schon erwähnte Business Judgement Rule findet sich in § 93 Abs. 1 S. 2 AktG. Eine Pflichtverletzung liegt nach dieser Vorschrift nicht vor, wenn das Vorstandsmitglied bei einer unternehmerischen Entscheidung vernünftigerweise annehmen durfte, auf der Grundlage angemessener Information zum Wohle der Gesellschaft zu handeln. Als Rechtsfolge einer Pflichtverletzung statuiert § 93 Abs. 2 S. 1 AktG eine Schadensersatzpflicht der Vorstandsmitglieder. Ist streitig, ob Vorstandsmitglieder die Sorgfalt eines ordentlichen und gewissenhaften Geschäftsleiters angewandt haben, so trifft sie gemäß § 93 Abs. 2 S. 2 AktG die Beweislast. Die auch für Genossenschaft und GmbH geltende Beweislastverteilung beruht auf der Sachnähe der Organwalter.[3]

Schließlich führt § 93 Abs. 3 AktG eine Reihe von Sondertatbeständen auf, in denen die Vorstandsmitglieder ersatzpflichtig sind. Es geht um Fälle, in denen Mittel der Gesellschaft in gesetzwidriger Weise verwendet (Nr. 1 bis 3, 5 bis 9) oder Aktien vor der vollen Leistung des Ausgabebetrages ausgegeben werden (Nr. 4). Auch in diesen Fällen setzt die Schadensersatzpflicht voraus, dass der Gesellschaft ein Schaden zugefügt wurde und das Vorstandsmitglied schuldhaft gehandelt hat. Es geht also um einen echten Schadensersatzanspruch, nicht um einen verschuldensunabhängigen Folgenbeseitigungsanspruch.[4]

Die Vorschrift des § 93 AktG ist ihrem gesamten Inhalt nach zwingender Natur. Abweichungen sind weder durch Satzungsregelung noch durch Aufsichtsratsbeschluss oder Anstellungsvertrag möglich, insbesondere können die strengen Sorgfaltsanforderungen und die Haftung für leichteste Fahrlässigkeit de lege lata nicht zugunsten des Vorstandsmitglieds gemildert werden. Ebenso wenig ist eine Verschärfung der Sorgfaltsanforderungen und der Haftung möglich.[5]

2. Genossenschaftsrechtlicher Pflichtenmaßstab

Der Pflichtenmaßstab der Vorstände einer Genossenschaft wird durch § 34 GenG dem aktienrechtlichen Pflichtenmaßstab nahezu inhaltsgleich angepasst. Die Vorstandsmitglieder haben bei ihrer Geschäftsführung nach § 34

3 Buck-Heeb in Gehrlein/Born/Simon, InsO, 4. Aufl., § 43 Rn. 83.

4 Krieger/Sailer-Coceani in: Schmidt./Lutter, AktG, 3. Aufl. 2015, § 93 Rn. 57.

5 BGH, Urteil vom 5. Juni 1975 – II ZR 156/73, BGHZ 64, 325, 326 f; Krieger/Sailer-Coceani in: Schmidt./Lutter, AktG, 3. Aufl. 2015, § 93 Rn. 3.

Abs. 1 S. 1 GenG die Sorgfalt eines ordentlichen und gewissenhaften Geschäftsleiters einer Genossenschaft anzuwenden. Eine Pflichtverletzung liegt gemäß § 34 Abs. 1 S. 2 GenG auf der Grundlage der Business Judgement Rule nicht vor, wenn das Vorstandsmitglied bei einer unternehmerischen Entscheidung vernünftigerweise annehmen durfte, auf Grundlage angemessener Informationen zum Wohle der Genossenschaft zu handeln. Vorstandsmitglieder, die ihre Pflichten verletzen, sind gleich den Organen einer AG nach § 34 Abs. 2 S. 1 GenG der Genossenschaft zum Ersatz des daraus entstehenden Schadens als Gesamtschuldner verpflichtet. Ist streitig, ob sie die Sorgfalt eines ordentlichen und gewissenhaften Geschäftsleiters einer Genossenschaft angewandt haben, tragen sie nach § 34 Abs. 2 S. 2 GenG die Beweislast. In Anlehnung an § 93 Abs. 3 AktG begründet § 34 Abs. 3 GenG einige Sonderhaftungstatbestände, welche eine unzulässige Verwendung von Gesellschaftsvermögen betreffen.

3. *GmbH-rechtlicher Pflichtenmaßstab*

Die Geschäftsführer haben in den Angelegenheiten der Gesellschaft gemäß § 43 Abs. 1 GmbHG die Sorgfalt eines ordentlichen Geschäftsmannes anzuwenden. Geschäftsführer, welche ihre Obliegenheiten verletzen, haften der Gesellschaft wie die Organe der AG und Genossenschaft nach § 43 Abs. 2 GmbHG solidarisch für den entstandenen Schaden. Insbesondere sind Geschäftsführer nach § 43 Abs. 3 S. 1 GmbHG zum Ersatz verpflichtet, wenn sie den Bestimmungen des § 30 GmbH zuwider Zahlungen aus dem zur Erhaltung des Stammkapitals erforderlichen Vermögen der Gesellschaft gemacht oder den Bestimmungen des § 33 GmbHG zuwider eigene Geschäftsanteile der Gesellschaft erworben haben. Zur Business Judgement Rule äußert sich das Gesetz nicht ausdrücklich. Sie gilt entsprechend dem Regelungszweck, den Organverantwortlichen einen weiten Handlungsspielraum zu eröffnen, auch für die GmbH.[6] Hinsichtlich der Beweislast, zu der das Gesetz schweigt, finden als Ausdruck eines allgemeinen Rechtsgedankens die Grundsätze des § 93 Abs. 2 S. 2, § 34 Abs. 2 S. 2 GenG Anwendung.[7] Auf die individuellen Fähigkeiten des in Anspruch genommenen Geschäftsführers kommt es nicht an, so dass diesen mangelnde

---

6 BT-Drucks. 15/5092, S. 12; Baumbach/Hueck/Beurskens, GmbHG, 22. Aufl., § 43 Rn. 34.

7 Bork/Schäfer/Klöhn, GmbHG, 4. Aufl., § 43 Rn. 71.

Sachkenntnis nicht entschuldigt.[8] Darum kann es den Geschäftsführer nicht entlasten, "kaufmännisch ersichtlich nicht sonderlich versiert" und "in Geschäften einschlägiger Größenordnung gänzlich unversiert" gewesen zu sein.[9]

Die gesetzlich ausgeformte Geschäftsführerhaftung kann im Unterschied zur AG gegenüber der GmbH privatautonom eingeschränkt werden. Eine abweichende Gestaltung der Voraussetzungen für die Entstehung des Haftungsanspruchs im Wege einer Herabsetzung des Pflichten- und Sorgfaltsmaßstabs ist im vorhinein möglich. Zum anderen ist eine nachträgliche Disposition über Bestand oder Durchsetzbarkeit eines entstandenen Anspruchs durch Verzicht, Vergleich sowie Verjährungsfristverkürzung zulässig. Schließlich kommt die Vereinbarung einer summenmäßigen Haftungsbeschränkung in Betracht.[10] Diese Würdigung wird von der Erwägung getragen, dass es, solange nicht der Anwendungsbereich des 43 Abs. 3 GmbHG betroffen ist, Sache der Gesellschafter ist, nach § 46 Nr. 8 GmbHG darüber zu befinden, ob und gegebenenfalls in welchem Umfang sie Ansprüche der Gesellschaft gegen einen pflichtwidrig handelnden Geschäftsführer verfolgen wollen. Wie auf die Durchsetzung eines entstandenen Anspruchs – sei es förmlich durch Vertrag, durch Entlastungs- oder durch Generalbereinigungsbeschluss – verzichtet werden kann, so kann auch schon im Vorfeld das Entstehen eines Ersatzanspruchs gegen den Organvertreter näher geregelt, insbesondere begrenzt oder ausgeschlossen werden, indem zum Beispiel ein anderer Verschuldensmaßstab vereinbart oder dem Geschäftsführer eine verbindliche Gesellschafterweisung erteilt wird, die eine Haftungsfreistellung nach sich zieht. Die Abkürzung der Frist, binnen deren ein Ersatzanspruch geltend gemacht werden muss, wenn nicht Verjährung oder gar das Erlöschen des Anspruchs eintreten soll, ist nur eine andere Form dieser Beschränkungs- und Verzichtsmöglichkeiten.[11]

4. Insolvenzrechtlicher Prüfungsmaßstab

Der Insolvenzverwalter ist gemäß § 60 Abs. 1 S. 1 GmbHG allen Beteiligten zum Schadenersatz verpflichtet, wenn er schuldhaft die Pflichten ver-

---

8 BGH, Urteil vom 20. Februar 1995 – II ZR 143/93, NJW 1995, 1290, 1291; Urteil vom 6. November 2018 – II ZR 11/17, BGHZ 220, 162 Rn. 11.

9 BGH, Urteil vom 16. Februar 1981 -II ZR 49/80, WM 1981, 440, 442.

10 Kleindiek in: Lutter/Hommelhoff, GmbHG, 20. Aufl. 2020, § 43 GmbHG Rn. 60.

11 BGH, Urteil vom 16. 9. 2002 – II ZR 107/01, NJW 2002, 3777 f.

letzt, die ihm nach diesem Gesetz obliegen. Er hat nach § 60 Abs. 1 S. 2 InsO für die Sorgfalt eines ordentlichen und gewissenhaften Insolvenzverwalters einzustehen. Kann eine Masseverbindlichkeit, die durch eine Rechtshandlung des Insolvenzverwalters begründet worden ist, aus der Insolvenzmasse nicht voll erfüllt werden, so ist der Verwalter nach § 61 S. 1 InsO dem Massegläubiger zum Schadenersatz verpflichtet. Dies gilt gemäß § 61 S. 2 InsO nicht, wenn der Verwalter bei der Begründung der Verbindlichkeit nicht erkennen konnte, dass die Masse voraussichtlich zur Erfüllung nicht ausreichen würde.

Als Sorgfaltsmaßstab, den der Verwalter bei seiner Tätigkeit anzuwenden hat, wird durch den Gesetzgeber in § 60 Abs. 1 S. 2 InsO die „Sorgfalt eines ordentlichen und gewissenhaften Insolvenzverwalters" festgelegt. Die Formulierung ist angelehnt an § 347 Abs. 1 HGB („Sorgfalt eines ordentlichen Kaufmanns"), an § 93 Abs. 1 S. 1 AktG und § 34 Abs. 1 S. 1 GenG („Sorgfalt eines ordentlichen und gewissenhaften Geschäftsleiters") sowie an § 43 Abs. 1 GmbHG („Sorgfalt eines ordentlichen Geschäftsmannes"). Sie soll nach dem Willen des Gesetzgebers verdeutlichen, dass die Sorgfaltsanforderungen des Handels- und Gesellschaftsrechts nicht unverändert auf den Insolvenzverwalter übertragen werden können. Vielmehr sind die Besonderheiten zu beachten, die sich aus den Aufgaben des Insolvenzverwalters und aus den Umständen ergeben, unter denen er seine Tätigkeit ausübt. Bei der Fortführung eines insolventen Unternehmens steht der Verwalter regelmäßig vor besonderen Schwierigkeiten. Außer den Problemen, die sich unmittelbar aus der Insolvenz des Unternehmens ergeben, ist etwa zu berücksichtigen, dass der Verwalter eine Einarbeitungszeit benötigt, wenn er ein fremdes Unternehmen in einem ihm möglicherweise nicht vertrauten Geschäftszweig übernimmt, und dass er häufig keine ordnungsgemäße Buchführung vorfindet. Er übt sein Amt also in aller Regel unter erheblich ungünstigeren Bedingungen aus als der Geschäftsleiter eines wirtschaftlich gesunden Unternehmens. Soweit im Verfahren keine Unternehmensfortführung stattfindet, sondern die Verwertung der einzelnen Gegenstände des Schuldnervermögens betrieben wird, kommt nach Auffassung des Gesetzgebers ohnehin nur ein besonderer, speziell auf die Verwaltertätigkeit bezogener Sorgfaltsmaßstab in Betracht.[12]

---

12 BT-Drucks. 12/2443, S. 128.

III. Erste Folgerungen

Betrachtet man den Wortlaut der einschlägigen Vorschriften, ergeben sich daraus ungeachtet der Materialien zur Insolvenzordnung schwerlich Differenzierungen hinsichtlich des für den jeweils betroffenen Personenkreis geltenden Sorgfaltsmaßstabes. Im Rahmen der Organtätigkeit wird die Sorgfalt eines ordentlichen Geschäftsleiters, im Rahmen der Insolvenzverwaltung die Sorgfalt eines ordentlichen Insolvenzverwalters verlangt.

1. AG, Genossenschaft, GmbH

Die Vorschriften der § 93 Abs. 1 S. 1 AktG, § 34 Abs. 1 S. 1 GenG sprechen von der Sorgfalt eines ordentlichen und gewissenhaften Geschäftsleiters. Laut § 43 Abs. 1 GmbHG hat der Geschäftsführer der Sorgfalt eines ordentlichen Geschäftsmannes zu genügen, während § 60 Abs. 1 S. 2 InsO ähnlich § 93 Abs. 1 S. 1, § 34 Abs. 1 S. 1 GenG die Sorgfalt eines ordentlichen und gewissenhaften Insolvenzverwalters verlangt. Soweit § 93 Abs. 1 S. 1 AktG und § 34 Abs. 1 S. 1 GenG nicht nur eine ordentliche, sondern auch gewissenhafte Pflichterfüllung gebieten, ergeben sich daraus keine Unterschiede zu § 43 Abs. 1 S. 1 GmbHG, der sich mit der Sorgfalt eines ordentlichen Geschäftsmannes begnügt. Der Maßstab des ordentlichen Kaufmannes findet sich bereits in § 347 Abs. 1 HGB, die Pflicht zur gewissenhaften Berufsausübung in § 323 Abs. 1 HGB. Es herrscht Einvernehmen, dass § 93 Abs. 1 S. 1 AktG, § 34 Abs. 1 S. 1 und § 43 Abs. 1 S. 1 GmbHG im selben Sinne auszulegen sind.[13]

Der Sorgfaltsstandard hat sich an der Person eines selbstständigen, treuhänderischen Verwalters fremder Vermögensinteressen zu orientieren.[14] Die Sorgfaltspflichten eines Gesellschaftsorgans gehen über die eines ordentlichen Kaufmanns hinaus; denn verlangt wird die Sorgfalt, die ein ordentlicher Geschäftsmann in verantwortlich leitender Position bei selbständiger treuhänderischer Wahrnehmung fremder Vermögensinteressen

---

13 OLG Celle, Urteil vom 15. März 2000 – 9 U 209/99, NZG 2000, 1178, 1179; OLG Naumburg, Urteil vom 23. Januar 2014 – 2 U 57/13, ZIP 2014, 1735, 1736; GroßKomm-AktG/Hopt, 4. Aufl., § 93 Rn. 78; Buck-Heeb in Gehrlein/Born/Simon, GmbHG, 4. Aufl., § 43 Rn. 14; Baumbach/Hueck/Beurskens, GmbHG, 22. Aufl., § 43 Rn. 8; Ulmer/Paefgen, GmbHG, 2. Aufl., § 43 Rn. 166; Rowedder/Schmidt-Leithoff/Schnorbus, GmbHG, 6. Aufl., § 43 Rn. 13.

14 BGH, Urteil vom 20. Februar 1995 – II ZR 143/93, NJW 1995, 1290, 1291; OLG Oldenburg, Urteil vom 22. Juni 2006 – 1 U 34/03,NZG 2007, 434, 435.

zu beachten hat. Dabei können auch Art und Größe sowie Struktur des Unternehmens für den zu setzenden Maßstab von entscheidender Bedeutung sein. Insbesondere kann sich der Geschäftsführer nicht darauf berufen, dass er seiner Aufgabe nicht gewachsen war.[15] Maßgeblich sind stets die Umstände des Einzelfalls.[16]

2. *Insolvenzverwalter*

Der Insolvenzverwalter ist allen Beteiligten zum Schadensersatz verpflichtet, wenn er schuldhaft die Pflichten verletzt, die ihm nach der Insolvenzordnung obliegen (§ 60 Abs. 1 S. 1 InsO). Zu seinen Pflichten gehört es, das zur Insolvenzmasse gehörende Vermögen zu bewahren und ordnungsgemäß zu verwalten. Diese Pflicht hat sich am gesetzlichen Leitbild des ordentlichen und gewissenhaften Insolvenzverwalters auszurichten, welches an die handels- und gesellschaftsrechtlichen Sorgfaltsanforderungen angelehnt ist (§ 347 Abs. 1 HGB, § 93 Abs. 1 S. 1 AktG, § 34 Abs. 1 S. 1 GenG, § 43 Abs. 1 GmbHG), aber den Besonderheiten des Insolvenzverfahrens Rechnung zu tragen hat. Maßstab aller unternehmerischen Entscheidungen des Insolvenzverwalters im Rahmen einer Betriebsfortführung ist der Insolvenzzweck der bestmöglichen gemeinschaftlichen Befriedigung der Insolvenzgläubiger (§ 1 InsO) sowie das von den Gläubigern gemeinschaftlich beschlossene Verfahrensziel – Abwicklung des Unternehmens, Veräußerung oder Insolvenzplan – als Mittel der Zweckerreichung.[17] Der Insolvenzverwalter kann sich ebenso wie ein Gesellschaftsorgan nicht darauf berufen, über die für die Amtsführung erforderlichen Fähigkeiten nicht zu verfügen.[18]

Soweit das Gesetz der Gläubigerversammlung keine Entscheidungs- oder Zustimmungskompetenz einräumt, berühren ihre Beschlüsse weder die Entscheidungsfreiheit noch die Verantwortlichkeit des Insolvenzverwalters. Sie haben deshalb grundsätzlich keine Auswirkungen darauf, ob der Insolvenzverwalter einen Masseschaden pflichtwidrig und schuldhaft

---

15 BGH, Urteil vom 28. Oktober 1971 – II ZR 49/70, WM 1971, 1548, 1549; BGH, vom 20. Februar 1995 – II ZR 143/93, NJW 1995, 1290, 1291; OLG Zweibrücken, Urteil vom 22. Dezember 1998 – 8 U 98/98, NZG 1999, 506 f.

16 BGH, vom 20. Februar 1995 – II ZR 143/93, NJW 1995, 1290, 1291; GroßKomm-AktG/Hopt, 4. Aufl., § 93 Rn. 78; Bork/Schäfer/Klöhn, GmbHG, 4. Aufl., § 43 Rn. 24.

17 BGH, Urteil vom 16. März 2017 – IX ZR 253/15, BGHZ 214, 220 Rn. 12.

18 MünchKomm-InsO/Schoppmeyer, InsO, 5. Aufl., § 60 Rn. 90.

herbeigeführt hat.[19] Die Genehmigung hat nur dann eine entlastende Wirkung, als wenn eine Zustimmungsbedürftigkeit gegeben ist.[20]

3. Gleichlauf des Sorgfaltsmaßstabs

Die Organhaftung fordert die Sorgfalt eines „ordentlichen und gewissenhaften" Geschäftsleiters (§ 93 Abs. 1 S. 1 AktG, § 34 Abs. 1 S. 1 GenG, § 43 Abs. 1 S. 1 GmbHG), während der Verwalter der Sorgfalt eines „ordentlichen und gewissenhaften" Insolvenzverwalters (§ 60 Abs. 1 S. 2 InsO) zu genügen hat. Die Umschreibung der Sorgfaltsanforderungen mit „ordentlich und gewissenhaft" stimmt hinsichtlich der Organ- und Verwalterhaftung überein, lediglich der Bezugspunkt der Haftung ist unterschiedlich, weil einmal auf den Pflichtenkreis eines Geschäftsleiters, zum anderen auf den Pflichtenkreis eines Insolvenzverwalters abgestellt wird.

III. Pflichtverletzungen der Gesellschaftsorgane

Die Haftung der Gesellschaftsorgane setzt eine pflichtwidrige Schadensverursachung voraus.[21] Verschuldensmaßstab bildet der typisierte Maßstab eines ordentlichen Geschäftsmannes. Die Haftung knüpft an die organschaftliche Sonderrechtsbeziehung zwischen der Gesellschaft und dem Geschäftsführer an.[22] Es handelt sich damit um einen gesetzlich statuierten Fall der positiven Vertragsverletzung nach § 280 Abs. 1 BGB.[23]

1. Haftungsgläubiger

Die Schadensersatzpflicht der Vertretungsorgane aus § 43 Abs. 2 GmbHG, § 93 Abs. 2 S. 1 AktG beschränkt sich auf die von ihnen pflichtwidrig verursachten Eigenschäden der Gesellschaft. Die Geschäftsleiter haften bei einer Verletzung ihrer Pflichten nach dem eindeutigen Wortlaut der Vor-

---

19 BGH, Urteil vom 12. März 2020 – IX ZR 125/17, WM 2020, 969 Rn. 62.

20 BGH, Urteil vom 22. Januar 1985 – VI ZR 131/85, ZIP 1985, 423, 425 f.

21 Ziemons in Michalski/Heidinger/Leible/Schmidt, GmbHG, 3. Aufl., § 43 Rn. 367; Buck-Heeb in Gehrlein/Born/Simon, GmbHG, 4. Aufl., § 43 Rn. 53.

22 BGH, Urteil vom 10. Februar 1992 – II ZR 23/91, NJW-RR 1992, 800, 801.

23 Baumbach/Hueck/Beurskens, GmbHG, 22. Aufl., § 43 Rn. 47.

schriften nur der Gesellschaft selbst und nicht den Gesellschaftsgläubigern.[24]

2. *Unterscheidung von Sorgfaltsmaßstab und Pflichtenkreis*

Die Bestimmungen der § 93 Abs. 1 S. 1 AktG, § 34 Abs. 1 S. 1 GenG, § 43 Abs. 1 GmbHG, die für Geschäftsleiter gelten, befassen sich mit dem zu beachtenden Sorgfaltsmaßstab und ordnen im Falle seiner Verletzung eine Schadensersatzpflicht (§ 93 Abs. 2 S. 1 AktG, § 34 Abs. 2 S. 1 GenG, § 43 Abs. 2 GmbHG) an. Der Sorgfaltsmaßstab muss auf eine bestimmte Pflicht bezogen sein, deren Verletzung eine Schadensersatzpflicht auslösen soll. Das Gesetz schweigt jedoch dazu, welche konkrete Pflichtverletzung eine Schadensersatzhaftung auslöst.

a) Sorgfaltsmaßstab

Mit der Sorgfalt eines ordentlichen bzw. gewissenhaften Geschäftsmannes wird ein streng objektiver Verhaltensstandard vorgegeben, der keinen Raum für subjektive Unzulänglichkeiten lässt.[25] Die Anforderungen an die Sorgfaltspflicht werden zwar durch die besonderen Umstände des Einzelfalles bestimmt und können nach der Art, Größe und Situation des Unternehmens variieren, hängen jedoch nicht von den individuellen Fähigkeiten des Geschäftsführers ab, so dass Unkenntnis und mangelnde Erfahrung unerheblich sind.[26] Der Geschäftsführer einer GmbH ist, wenn seine bisherigen Kenntnisse und beruflichen Erfahrungen nicht ausreichen, verpflichtet, sich über die ihm obliegenden gesetzlichen Pflichten auch steuerlicher Art zu informieren. Denn die ordnungsgemäße Beachtung der gesetzlichen Vorschriften muss von jedem kaufmännischen Leiter eines Gewerbebetriebs verlangt werden.[27] Der Maßstab geht über die Sorgfalt eines nur in eigenen Angelegenheiten tätigen Kaufmannes (§ 347 Abs. 1 HGB) weit hinaus.[28] Verlangt wird die Sorgfalt, die ein ordentlicher Geschäftsmann in verantwortlich leitender Position bei selbständiger treuhänderi-

---

24 BGH, Urteil vom 26. April 2018 – IX ZR 238/17, BGHZ 218, 290 Rn. 31.

25 Ulmer/Paefgen, GmbHG, 2. Aufl., § 43 Rn. 36.

26 BGH, vom 20. Februar 1995 – II ZR 143/93, NJW 1995, 1290, 1291; OLG Jena, Urteil vom 8. August 2000 – 8 U 1387/98, NZG 2001, 86, 87.

27 BFH, Beschluss vom 04. März 1986 – VII S 33/85, BFHE 146, 23 Rn. 9.

28 Ulmer/Paefgen, GmbHG, 2. Aufl., § 43 Rn. 36.

scher Wahrung fremder Vermögensinteressen zu beachten hat. Dadurch unterscheidet sich der Pflichtenkreis des Geschäftsführers von demjenigen eines Einzelkaufmannes. Die Stellung des Geschäftsführers wird durch die Pflicht, fremde Vermögensinteressen wahrzunehmen und durch das Vertrauen geprägt, das die Gesellschafter dem Geschäftsführer durch die Übertragung der Verantwortung für das Unternehmen entgegenbringen. Die Geschäftsführer handeln nicht für ein eigenes, sondern für ein fremdes Unternehmen.[29]

b) Pflichtenkreis

Neben dem Sorgfaltsmaßstab werden durch § 93 Abs. 1 S. 1 AktG, § 34 Abs. 1 S. 1 GenG, § 43 Abs. 1 GmbHG nicht zugleich die Pflichten der Organe abschließend definiert. Die Pflichten der Geschäftsleiter wurzeln ihrem Amt.[30] Welchen näheren Pflichten zu genügen ist, hängt deswegen vom konkreten Einzelfall ab.[31] Dabei spielen Art und Größe eines Unternehmens eine Rolle.[32] Darum sind an den Geschäftsführer einer kleinen Handwerks-GmbH geringere Anforderungen zu stellen als an den Vorstand eines Automobilkonzerns.[33] Nur einzelne Pflichten ergeben sich aus dem Gesetz. Der Geschäftsführer einer GmbH hat beispielweise gemäß § 41 Abs. 1 GmbHG für eine ordnungsmäßige Buchführung der Gesellschaft zu sorgen.[34] Er darf keine Zahlungen aus dem Stammkapital an Gesellschafter leisten (§ 30, § 43 Abs. 3 GmbHG), nicht den Bestimmungen des § 33, § 43 Abs. 3 GmbHG zuwider eigene Geschäftsanteile der Gesellschaft erwerben, Mitgeschäftsführern keine Darlehen gewähren (§ 43a GmbHG) und insbesondere nach Insolvenzreife keine Zahlungen zu Lasten des Gesellschaftsvermögens vornehmen (§ 64 GmbHG). Ferner hat er die Gesellschafterversammlung einzuberufen (§ 49 GmbHG) und den Ge-

---

29 OLG Zweibrücken, Urteil vom 22. Dezember 1998 – 8 U 98/98, NZG 1999, 506 f.

30 Lücke/Simon in Saenger/Ihnester, GmbHG, 4. Aufl., § 43 Rn. 17.

31 Bork/Schäfer/Klöhn, GmbHG, 4. Aufl., § 43 Rn. 24;Ulmer/Paefgen, GmbHG, 2. Aufl., § 43 Rn. 39; GroßKomm-AktG/Hopt, 4. Aufl., § 93 Rn. 80; aA Kleindiek in: Lutter/Hommelhoff, GmbHG, 20. Aufl. 2020, § 43 GmbHG Rn. 11; Krieger/Sailer-Coceani in: Schmidt, K./Lutter, AktG, 3. Aufl. 2015, § 93 Rn. 6.

32 Rowedder/Schmidt-Leithoff/Schnorbus, GmbHG, 6. Aufl., § 43 Rn. 13.

33 Ulmer/Paefgen, GmbHG, 2. Aufl., § 43 Rn. 39.

34 BGH, Urteil vom 14. März 1983 – II ZR 103/82, ZIP 1983, 824.

sellschaftern Auskunft zu erteilen (§ 51a GmbHG). Ähnliches gilt in der AG und der Genossenschaft.[35]

c) Sorgfaltsmaßstab nach materieller Insolvenzreife

Der Maßstab der anzuwendenden Sorgfalt folgt nach Eintritt der materiellen Insolvenz nicht allein aus dem Gesellschaftszweck, sondern aus dem Gläubigerinteresse.[36] Im Falle der Insolvenzreife richtet sich der Pflichtenmaßstab darum nicht nur nach den allgemeinen Verhaltenspflichten eines Geschäftsführers, der bei seiner Amtsführung Recht und Gesetz zu wahren hat; er ist vielmehr an dem besonderen Zweck auszurichten, die verteilungsfähige Vermögensmasse einer insolvenzreifen GmbH im Interesse der Gesamtheit ihrer Gläubiger zu erhalten und eine zu ihrem Nachteil gehende, bevorzugte Befriedigung einzelner Gläubiger zu verhindern.[37]

3. *Grundsatz der Allzuständigkeit*

Die Geschäftsführer einer GmbH sind kraft ihrer Amtsstellung grundsätzlich für alle Angelegenheiten der Gesellschaft zuständig. Deshalb trifft, auch wenn mehrere zum Geschäftsführer einer GmbH bestellt sind, im Grundsatz jeden von ihnen die Pflicht zur Geschäftsführung und damit auch für die Geschäftsführung im Ganzen, denn die Führung der Geschäfte umfasst nicht in erster Linie die Besorgung bestimmter Geschäfte, sondern die verantwortliche Leitung der Geschäfte in ihrer Gesamtheit. Dieser vom Gesetz vorgesehenen Allzuständigkeit des Geschäftsführers steht eine entsprechend umfassende Verantwortung für die Belange der Gesellschaft gegenüber. Demgemäß ist auch in einer mehrgliedrigen Geschäftsleitung grundsätzlich jeder Geschäftsführer für die Erfüllung der öffentlich-rechtlichen Pflichten der Gesellschaft, zu denen die Abführung der Arbeitnehmerbeiträge zur Sozialversicherung gehört, verantwortlich[38] Die Führung der Geschäfte – sei es einer Kapitalgesellschaft, sei es einer offenen Handelsgesellschaft oder Kommanditgesellschaft – umfasst nicht in erster Linie die Besorgung eines bestimmten Geschäftsbereichs, sondern die verant-

---

35 Krieger/Sailer-Coceani in: Schmidt, K./Lutter, AktG, 3. Aufl. 2015, § 93 Rn. 6.
36 OLG Koblenz, Urteil vom 23. Dezember 2014 – 3 U 1544/13, WM 2015, 340, 347.
37 BGH, Urteil vom 8. Januar 2001 – II ZR 88/99, BGHZ 146, 264, 274.
38 BGH, Urteil vom 15. Oktober 1996 – VI ZR 319/95, BGHZ 133, 370, 376 f.

wortliche Leitung der Geschäfte in ihrer Gesamtheit. Diese erfordert – unbeschadet der Handlungsbefugnisse jedes einzelnen Geschäftsführers und seiner etwaigen Befugnis, die Gesellschaft allein zu vertreten – eine einheitliche Willensbildung. Daraus folgt die solidarische Verantwortlichkeit aller Geschäftsführer für diejenigen Belange, welche die Existenz der Gesellschaft im Ganzen berühren. Die Gesamtverantwortung eines jeden Geschäftsführers verlangt zumindest eine gewisse Überwachung der Geschäftsführung im Ganzen. Sie ist mit der Sorgfalt eines ordentlichen Geschäftsmannes wahrzunehmen.[39]

4. Legalitätspflicht

Die Pflichten zur ordnungsgemäßen Geschäftsführung, die dem Geschäftsführer einer GmbH bzw. den Mitgliedern des Vorstands einer Aktiengesellschaft aufgrund ihrer Organstellung obliegen (§ 43 Abs. 1 GmbHG, § 93 Abs. 1 S. 1 AktG), umfassen auch die Verpflichtung, dafür zu sorgen, dass sich die Gesellschaft rechtmäßig verhält und ihren gesetzlichen Verpflichtungen nachkommt.[40] Zu den Aufgaben eines Geschäftsführers einer GmbH gehört es, dafür Sorge zu tragen, dass sich die Gesellschaft nach außen rechtmäßig verhält und insbesondere die ihr auferlegten öffentlich-rechtlichen Pflichten erfüllt. Zu diesen öffentlich-rechtlichen Pflichten gehören vor allem die Erfüllung der der Gesellschaft obliegenden steuerlichen Pflichten sowie die Abführung der Arbeitnehmeranteile der Sozialversicherungsbeiträge. Kommt der Geschäftsführer diesen Pflichten nicht nach, so ist er, was die Sozialversicherungsbeiträge angeht, selbst dafür gemäß § 266a, § 14 Abs. 1 Nr. 1 StGB strafrechtlich und auch haftungsrechtlich verantwortlich.[41] Diese Pflicht besteht aber grundsätzlich nur der Gesellschaft gegenüber und nicht auch im Verhältnis zu außenstehenden Dritten. Denn die Bestimmungen der § 43 Abs. 1 GmbHG, § 93 Abs. 1 S. 1 AktG regeln allein die Pflichten des Geschäftsführers bzw. Vorstandsmitglieds aus seinem durch die Bestellung begründeten Rechtsverhältnis zur Gesellschaft. Sie dienen nicht dem Zweck, Gesellschaftsgläubiger vor den mittelbaren Folgen einer sorgfaltswidrigen Geschäftsleitung zu schützen.[42]

---

39 BFH, Urteil vom 26. April 1984 – V R 128/79, BFHE 141, 443 Rn. 16.
40 BGH, Urteil vom 10. Juli 2012 – VI ZR 341/10 –, BGHZ 194, 26 Rn. 22.
41 BGH, Urteil vom 15. Oktober 1996 – VI ZR 319/95, BGHZ 133, 370, 375.
42 BGH, Urteil vom 10. Juli 2012 – VI ZR 341/10 –, BGHZ 194, 26 Rn. 23.

5. *Loyalitätspflicht*

Der Geschäftsführer einer GmbH hat nicht nur die Sorgfalt eines ordentlichen Geschäftsmanns, sondern die weitergehende Sorgfalt eines selbständigen treuhänderischen Verwalters fremder Vermögensinteressen zu beachten. Daraus folgt das Verbot an den Geschäftsführer, die Organstellung im eigenen Interesse auszunutzen und sich persönlich zu bereichern. Daher versteht es sich von selbst, dass der Fremd-Geschäftsführer weder sich selbst noch Dritten Vermögenswerte der Gesellschaft zuschieben darf. Pflichtwidrig in diesem Sinn ist auch die Bereicherung Dritter etwa durch Gewährung von Darlehen unter Marktzins.[43] Dem Geschäftsführer einer GmbH ist es aufgrund seiner Pflicht zu loyalem Verhalten untersagt, persönliche Vorteile aus der geschäftlichen Tätigkeit der Gesellschaft für sich abzuleiten. Er darf sich beim Abschluss von Rechtsgeschäften zwischen der Gesellschaft und Dritten insbesondere keine Provisionen versprechen lassen oder Schmiergelder entgegennehmen. Nimmt er solche Vorteile an, hat er sie an die Gesellschaft herauszugeben. Diese Pflicht ergibt sich unmittelbar aus der Treuepflicht des Geschäftsführers und entspricht dem Rechtsgedanken des § 667 BGB.[44] Grundsätzlich muss der Geschäftsführer einer GmbH bei der Wahrnehmung der ihm übertragenen Aufgaben allein das Wohl des Unternehmens im Auge haben. Er darf nicht seinen eigenen wirtschaftlichen Vorteil verfolgen. Besteht danach die Aussicht, Grundstücke, welche die Gesellschaft benötigt, zu erwerben, so hat der Geschäftsführer nicht nur alle Maßnahmen zu ergreifen, um einen solchen Erwerb zu erreichen, sondern auch alles zu unterlassen, was einen solchen Erwerb verhindert. Die Grenze der Pflichtwidrigkeit überschreitet der Geschäftsführer einer GmbH auf jeden Fall dann, wenn er die Möglichkeit, Grund und Boden für die von ihm geführte, mit der Erstellung von Wohnraum befasste gemeinnützige Gesellschaft zu einem günstigen Preis zu erwerben, nicht nutzt, sondern den Erwerb einem anderen Unternehmen überlässt, an dessen Gewinn er beteiligt ist, um sodann den Ankauf von diesem Unternehmen durch die von ihm geleitete Gesellschaft zu einem unverhältnismäßig höheren Preis vorzunehmen.[45]

---

43 OLG Düsseldorf, Urteil vom 1. Dezember 1994 – 13 U 5/94, GmbHR 1995, 227.

44 OLG Düsseldorf, Urteil vom 25. November 1999 – 6 U 146/98, GmbHR 2000, 666, 669.

45 BGH, Urteil vom 12. Juni 1989 – II ZR 334/87, NJW-RR 1989, 1255, 1257.

6. Förderung des Gesellschaftszwecks

Die unternehmerische Tätigkeit der Geschäftsleiter ist darauf gerichtet, den Gesellschaftszweck möglichst effektiv und gewinnträchtig zu fördern.[46] Allerdings obliegt den Geschäftsleitern, anstelle kurzfristigen Gewinnstrebens für eine nachhaltige Wertschöpfung Sorge zu tragen.[47] In diesem Rahmen bildet das Unternehmensinteresse einen normativen Verhaltensmaßstab für die Geschäftsleiter.[48] Folgerichtig hat der Geschäftsleiter bestehende Geschäftschancen der Gesellschaft in deren Interesse wahrzunehmen und die Gesellschaft gewinnbringend zu führen.[49] Natürlich sind Verluste nach Möglichkeit zu vermeiden.[50] Pflichtverletzungen ereignen insbesondere, wenn Geschäftschancen nicht wahrgenommen oder Verluste nicht abgewendet werden.

Pflichtwidrig ist es, wenn mit Mietern der Gesellschaft unangemessen niedrige Mieten vereinbart und sie zudem von vertraglich übernommenen Modernisierungskosten zum Schaden der Gesellschaft entlastet werden.[51] Auf realisierbare Forderungen darf der Geschäftsführer grundsätzlich nicht eigenmächtig verzichten, er darf derartige Forderungen auch nicht verjähren lassen, Ansprüche der Gesellschaft hat er nach Kräften durchzusetzen.[52] Das Bedienen (noch) nicht fälliger Forderungen stellt grundsätzlich ein schädigendes Verhalten des Geschäftsführers dar und verstößt gegen die Sorgfaltspflichten eines ordentlichen Geschäftsmannes, der zunächst das Wohl seiner Gesellschaft bei seinen Handlungen im Auge hat.[53] Wer an ein unbekanntes Unternehmen Waren auf Kredit verkauft, ohne die Verhältnisse und geschäftlichen Möglichkeiten dieses Unternehmens zu prüfen und sich ausreichende Sicherheiten geben zu lassen, verstößt gegen die ihm als Geschäftsführer obliegenden Sorgfaltspflichten und ist nach § 43 Abs. 2 GmbHG schadensersatzpflichtig.[54] Erst recht ist dies bei dem Verkauf von Geräten an eine Gesellschaft anzunehmen, bei der von vornherein feststand, dass sie zahlungsunfähig war und deshalb den Kaufpreis

---

46 Buck-Heeb in Gehrlein/Born/Simon, GmbHG, 4. Aufl., § 43 Rn. 16.
47 Baumbach/Hueck/Beurskens, GmbHG, 22. Aufl., § 43 Rn. 27.
48 Scholz/Schneider, GmbHG, 11. Aufl., § 43 Rn. 65.
49 KG, Urteil vom 11. Mai 2000 – 2 U 4203/99, NZG 2000, 129.
50 Ziemons in Michalski/Heidinger/Leible/Schmidt, GmbHG, 3. Aufl., § 43 Rn. 179.
51 BGH, Urteil vom 17.02.1997 – II ZR 278/95, NJW 1997, 2055, 2056.
52 OLG Koblenz, Urteil vom 12. Mai 1999 – 1 U 1649/97, NJW-RR 2000, 483, 484.
53 OLG Koblenz, Urteil vom 12. Mai 1999 – 1 U 1649/97, NJW-RR 2000, 483, 484.
54 BGH, Urteil vom 16. Februar 1981 – II ZR 49/80, WM 1981, 440.

nicht werde zahlen können.[55] Gleiches gilt für eine Gewährung von Darlehen ohne die Bestellung jeglicher Sicherheiten, ohne Errichtung einer dem Beweis dienenden Urkunde und ohne Vereinbarung von Darlehenszinsen.[56]

7. *Business Judgement Rule*

Eine Pflichtverletzung liegt gemäß § 93 Abs. 1 S. 2 AktG auf der Grundlage der Business Judgement Rule nicht vor, wenn das Vorstandsmitglied bei einer unternehmerischen Entscheidung vernünftigerweise annehmen durfte, auf Grundlage angemessener Informationen zum Wohle der Genossenschaft zu handeln.

a) Unternehmerische Entscheidungen

Die Vorschrift stellt nach der Intention des Gesetzgebers klar, dass eine Erfolgshaftung der Organmitglieder gegenüber der Gesellschaft ausscheidet, dass also für Fehler im Rahmen des unternehmerischen Entscheidungsspielraums nicht gehaftet wird („Business Judgement Rule"). Die Regelung geht von der Differenzierung zwischen fehlgeschlagenen unternehmerischen Entscheidungen einerseits und der Verletzung sonstiger Pflichten andererseits (Treuepflichten, Informationspflichten, sonstige allgemeine Gesetzes- und Satzungsverstöße) aus. Ein Verstoß gegen diese letztere Pflichtengruppe ist von der Bestimmung nicht erfasst. Die unternehmerische Entscheidung steht im Gegensatz zur rechtlich gebundenen Entscheidung. Für illegales Verhalten gibt es keinen „sicheren Hafen" im Sinne einer haftungstatbestandlichen Freistellung. Unternehmerische Entscheidungen sind infolge ihrer Zukunftsbezogenheit durch Prognosen und nicht justiziable Einschätzungen geprägt. Dies unterscheidet sie von der Beachtung gesetzlicher, satzungsmäßiger oder anstellungsvertraglicher Pflichten ohne tatbestandlichen Beurteilungsspielraum.[57] Die unternehmerische Entscheidung soll nicht verrechtlicht oder (schein-)objektiviert werden. Eine unternehmerische Entscheidung beruht häufig auch auf Instinkt, Erfahrung, Phantasie und Gespür für künftige Entwicklungen und

---

55 BGH, Urteil vom 20. März 1986 – II ZR 114/85, ZIP 1987, 1050.
56 OLG Koblenz, Urteil vom 9. Juni 1998 – 3 U 1662/89, NZG 1998, 953, 954.
57 BT-Drucks. 15/5092, S. 11.

einem Gefühl für die Märkte und die Reaktion der Abnehmer und Konkurrenten. Dies lässt sich nicht vollständig durch objektive Information ersetzen. Das Gesetz möchte den Mut zum unternehmerischen Risiko nicht nehmen, zugleich aber Unbesonnenheit und Leichtsinn auf Kosten der Kapitalgeber und der Arbeitnehmer keinen Vorschub leisten.[58]

b) Haftungsbegrenzung

Nach der schon vor ihrer Kodifizierung zur Business Judgement Rule entwickelten Rechtsprechung muss dem Vorstand bei der Leitung der Geschäfte des Gesellschaftsunternehmens ein weiter Handlungsspielraum zugebilligt werden, ohne den eine unternehmerische Tätigkeit schlechterdings nicht denkbar ist. Dazu gehört neben dem bewussten Eingehen geschäftlicher Risiken grundsätzlich auch die Gefahr von Fehlbeurteilungen und Fehleinschätzungen, der jeder Unternehmensleiter, mag er auch noch so verantwortungsbewusst handeln, ausgesetzt ist. Gewinnt der Aufsichtsrat den Eindruck, dass dem Vorstand das nötige Gespür für eine erfolgreiche Führung des Unternehmens fehlt, er also keine "glückliche Hand" bei der Wahrnehmung seiner Leitungsaufgabe hat, kann ihm das Veranlassung geben, auf dessen Ablösung hinzuwirken. Eine Schadenersatzpflicht des Vorstandes kann daraus nicht hergeleitet werden. Diese kann erst in Betracht kommen, wenn die Grenzen, in denen sich ein von Verantwortungsbewusstsein getragenes, ausschließlich am Unternehmenswohl orientiertes, auf sorgfältiger Ermittlung der Entscheidungsgrundlagen beruhendes unternehmerisches Handeln bewegen muss, deutlich überschritten sind, die Bereitschaft, unternehmerische Risiken einzugehen, in unverantwortlicher Weise überspannt worden ist oder das Verhalten des Vorstands aus anderen Gründen als pflichtwidrig gelten muss.[59]

c) Umsetzung im Einzelfall

Die Business Judgement Rule und die zu ihr ergangene Rechtsprechung darf nicht dahin missverstanden werden, dass unternehmerische Entscheidungen bis zur Grenze der Unverantwortlichkeit von einer Haftung befreit

58 BT-Drucks. 15/5092, S. 11, 12.
59 BGH, Urteil vom 21. April 1997 – II ZR 175/95, BGHZ 135, 244, 253 f.

sind.[60] Das Fallmaterial lässt erkennen, dass der Bundesgerichtshof und die Instanzgerichte die Business Judgement Rule mit Zurückhaltung anwenden. Stets hat eine umfassende Prüfung zu erfolgen. Maßgeblich für die Beurteilung sind die Art und Größe des Unternehmens, seine betriebswirtschaftliche und finanzielle Situation, aber auch die Bedeutung der Geschäftsführungsmaßnahme und das damit verbundene Risiko.[61]

aa) Regressansprüche gegen Geschäftsleiter

Der Bundesgerichtshof hat in der Grundsatzentscheidung zur Business Judgement Rule dem Aufsichtsrat im Blick auf die Verfolgung von Schadensersatzansprüche gegen Vorstände eine "Entscheidungsprärogative", die zur Beschränkung der gerichtlichen Nachprüfbarkeit führt, versagt. Bei der Prüfung des Bestehens und der Durchsetzbarkeit eines Schadenersatzanspruchs steht dem Aufsichtsrat keine andere Aufgabe zu als jedem anderen, der in eigener oder fremder Sache ein Urteil über das Bestehen eines Anspruchs und die Aussichten einer gerichtlichen Geltendmachung desselben abzugeben hat. Die Haltbarkeit und Richtigkeit seiner Beurteilung der Erfolgsaussichten einer gerichtlichen Anspruchsverfolgung sind im Streitfall vor Gericht grundsätzlich voll nachprüfbar, da es bis hierher nicht um Fragen des Handlungs-, sondern allein des Erkenntnisbereichs geht.[62]

bb) Kreditgewährung

Strenge Maßstäbe werden angelegt, wenn die Kreditvergabe durch den Vorstand einer Bank auf Pflichtverstöße zu kontrollieren ist. Der unternehmerische Handlungsspielraum ist überschritten, wenn aus der Sicht eines ordentlichen und gewissenhaften Geschäftsleiters einer Genossenschaftsbank das hohe Risiko eines Schadens unabweisbar ist und keine vernünftigen geschäftlichen Gründe dafür sprechen, es dennoch einzugehen. So ist eine Pflichtverletzung insbesondere dann gegeben, wenn das Vorstandsmitglied gegen die in dieser Branche anerkannten Erkenntnisse und Erfahrungsgrundsätze verstößt. Das Gebot, Risiken nur in sinnvoller kaufmän-

---

60 In diesem Sinne wohl BGH, Urteil vom 12. März 2020 – IX ZR 125/17, WM 2020, 969 Rn. 37.

61 OLG Jena, Urteil vom 8. August 2000 – 8 U 1387/98, NZG 2001, 86, 87.

62 BGH, Urteil vom 21. April 1997 – II ZR 175/95, BGHZ 135, 244, 254.

nischer Interessenabwägung einzugehen, bedeutet für Vorstandsmitglieder einer Genossenschaftsbank, dass sie Kredite grundsätzlich nicht ohne übliche Sicherheiten gewähren dürfen und zudem für die ordnungsgemäße Bewertung der Sicherheiten sowie die Beachtung der Richtlinien über Beleihungsobergrenzen Sorge zu tragen haben.[63] Für die Ausübung unternehmerischen Ermessens durch den Vorstand einer Genossenschaftsbank ist erst dann Raum, wenn er die Entscheidungsgrundlagen sorgfältig ermittelt und das Für und Wider verschiedener Vorgehensweisen abgewogen hat.[64] Eine Bonitätsprüfung ist bei jeder Kreditgewährung unverzichtbar. Erbringt der Geschäftsführer einer GmbH Anzahlungen an eine im Gründungsstadium befindliche GmbH auf einen Kfz-Kauf, ohne diese durch Aval- oder Vertragserfüllungsbürgschaften abzusichern, entspricht dies nicht den Sorgfaltspflichten eines ordentlichen Geschäftsmanns.[65]

cc) Grobe Fahrlässigkeit

Ein Verhalten ist jedenfalls dann nicht mehr mit den Gepflogenheiten eines ordentlichen Kaufmanns zu vereinbaren, wenn es sich als grob fahrlässiger Pflicht- oder Obliegenheitsverstoß darstellt.[66] Gegen seine Sorgfaltspflichten hat ein Geschäftsleiter grob verstoßen, der den ihm bis dahin völlig unbekannten, für ihn erstmalig auf einer Messeveranstaltung in Erscheinung tretenden "Gesellschaftern" einer Firma M – von der er hier gar nicht wusste, ob sie überhaupt mit einem wenigstens nach außen hin vertrauenserweckenden Geschäftsbetrieb existierte – "ins Blaue hinein" für mehr 60.000 € Ware auf Kredit verkaufte. Die Sorgfalt eines ordentlichen Kaufmanns würde ihm geboten haben, entweder nur ein Zug-um-Zug-Geschäft einzugehen oder die Verhältnisse und geschäftlichen Möglichkeiten der Firma M. zu prüfen und sich ausreichende Sicherheiten geben zu lassen.[67] Hier drängte sich die Notwendigkeit einer Bonitätsprüfung regelrecht auf.

63 BGH, Urteil vom 3. Dezember 2001 – II ZR 308/99, WM 2002, 220, 221; vom 21. März 2005 – II ZR 54/03, WM 2005, 933, 934.
64 BGH, Beschluss vom 3. November 2008 – II ZR 236/07, NZG 2009, 117 Rn. 3.
65 OLG Koblenz, Urteil vom 23. Dezember 2014 – 3 U 1544/13, WM 2015, 340, 343.
66 OLG Koblenz, Urteil vom 23. Dezember 2014 – 3 U 1544/13, WM 2015, 340, 343.
67 BGH, Urteil vom 16. Februar 1981 – II ZR 49/80, WM 1981, 440, 441.

dd) Auslandsgeschäfte

Auch bei schon ihrer Art nach mit besonderen Wagnissen behafteten Warenlieferungen ins Ausland sind die in der Branche üblichen Regeln zur Vermeidung von Verlusten zu beachten. Es ist Vorsorge zu treffen, wenn beim Verkauf von Waren ins Ausland die Gefahr besteht, dass abgenommene Ware nicht bezahlt wird. Hinsichtlich etwaiger Risikogeschäfte hat der Geschäftsführer zu beachten, dass er unangemessene Risiken für sein Unternehmen zu vermeiden hat. Ein erlaubtes Risiko geht er aber nicht schon dann ein, wenn zur Zeit der Vornahme des Geschäfts die bloße Wahrscheinlichkeit bestand, dass sich das Geschäft gewinnbringend auswirken würde. Eine Sorgfaltspflichtverletzung ist zu bejahen, wenn die naheliegende Möglichkeit einer Schädigung bestand. Die Regeln sorgfältiger Unternehmensleitung gebieten ihm grundsätzlich, die im Rechts- und Geschäftsverkehr angemessenen und branchenüblichen Vorsichtsregeln einzuhalten. Dem widerspricht beispielsweise die leichtfertige Gewährung von Warenkrediten oder die Kreditgewährung ohne übliche Sicherheiten.[68]

ee) Krise der Gesellschaft

Der unternehmerische Beurteilungsspielraum der Geschäftsleiter ist in der finanziellen Krise eines Unternehmens stark eingeschränkt, weil einer Konsolidierung im Interesse eines Unternehmenserhalts der Vorrang gegenüber finanziellen Wagnissen zu geben ist. Dies gilt auch deshalb, weil, wie ausgeführt, nach Eintritt der materiellen Insolvenz vorrangig auf die Belange der Gläubiger Rücksicht zu nehmen ist. In einer Krise entsprechen ohne entsprechende Absicherungen, sei es durch Vertragserfüllungs- oder Avalbürgschaften, geleistete Anzahlungen nicht den Gepflogenheiten eines ordentlichen Kaufmanns. Dies gilt insbesondere, wenn mit der Geschäftsbeziehung ging angesichts der Höhe der geleisteten Anzahlungen ein erhebliches und im Falle des Scheiterns für die Gesellschaft existenzbedrohendes Risiko einhergeht.[69] Besteht eine finanzielle Schieflage, darf der Geschäftsleiter ein Angebot nicht ohne überschlägige Kontrolle auf etwaige Kalkulationsfehler einfach unterschreiben. Die Unterzeichnung eines Angebots mit einer Auftragssumme von mehreren Millionen Euro bedeu-

---

68 OLG Jena, Urteil vom 8. August 2000 – 8 U 1387/98, NZG 2001, 86, 87.
69 OLG Koblenz, Urteil vom 23. Dezember 2014 – 3 U 1544/13, WM 2015, 340, 343.

tet für ein Unternehmen, das sich in einer angespannten Lage befindet, einen Vorgang von erheblichem wirtschaftlichen Gewicht. Ein Vorstandsmitglied kann sich nicht auf die sonst geübte Arbeitsteilung berufen oder allein auf die ihm damals rechtlich unterstellten Mitarbeiter verlassen. Vielmehr trägt der Geschäftsleiter die volle, auch kaufmännische, Verantwortung für ein Geschäft von solcher Bedeutung. Da der Vorstand sein Verhalten an dem Maßstab messen lassen muss, den das Gesetz für die Sorgfalt eines Vorstandsmitglieds allgemein aufstellt, kann er auch nicht mit Erfolg geltend machen, er habe dieses Amt neben seiner weiterlaufenden Tätigkeit als Leiter der Maschinenbauabteilung, die ihn voll ausgelastet habe, nur etwa drei Monate lang stellvertretend inne gehabt und sei ihm als reiner Maschinenbaufachmann nicht allseits gewachsen gewesen.[70] Im Falle einer schlechten Auftragslage ist der Geschäftsführer gehalten, Kurzarbeitergeld zu beantragen. Die Gesellschaft hatte unter Vorlage einer betriebswirtschaftlichen Analyse eines Wirtschaftsprüfers detailliert dargelegt, dass die Auslastung ihrer Betriebe zum Teil um mehr als die Hälfte zurückgegangen und der Geschäftsleiter sogar von Betriebsratsmitgliedern aufgefordert worden sei, Kurzarbeit anzumelden, weil die Mitarbeiter sich "die Beine in den Bauch gestanden" hätten. Weiter wurden anhand einer Mitarbeiterliste 63 von 75 Mitarbeitern namentlich bezeichnet, die Kurzarbeitergeld hätten beanspruchen können. Der Geschäftsführer muss bei einer deutlichen Unterbeschäftigung der Arbeitnehmer infolge Auftragsmangels zumindest den Versuch machen, eine Kostenentlastung durch Kurzarbeit nach den gesetzlichen Möglichkeiten zu erreichen.[71]

ff) Existenzgefährdung

Schließlich ist die grundsätzliche, bislang höchstrichterlich noch nicht ausdrücklich entschiedene Frage aufgeworfen, ob der Geschäftsleiter bei der Unternehmensführung mit einem Geschäft unmittelbar verbundene existenzielle Risiken eingehen darf, die den Bestand des Unternehmens gefährden. Eine solche Befugnis, alles auf eine Karte zu setzen, ist im Licht der Rechtsprechung zur Notwendigkeit der Absicherung von Geld- und Wa-

70 BGH, Urteil vom 28. Oktober 1971 – II ZR 49/70, WM 1971, 1548, 1549.
71 BGH, Urteil vom 4. November 2002 – II ZR 224/00 –, BGHZ 152, 280, 285.

renkrediten richtigerweise abzulehnen.[72] Klumpenrisiken, die das ganze Unternehmen in den Abgrund reißen können, müssen vermieden werden. Kein Vorstand handelt sorgfältig, wenn er Risiken für sein Unternehmen eingeht, die, wenn sie sich verwirklichen, zum Untergang des Unternehmens führen.[73] Derartige außergewöhnliche Wagnisse, die über das bei allen Geschäften nicht auszuschließende allgemeine Insolvenzrisiko hinausreichen, mögen die Gesellschafter auf sich nehmen, kann aber nicht der Geschäftsleiter verantworten, der solche grundlegende Entscheidungen vielmehr gemäß § 49 Abs. 2 GmbHG der Gesellschafterversammlung vorlegen muss.[74] In der AG befreit die Zustimmung des Aufsichtsrats gemäß § 93 Abs. 4 S. 2 AktG nicht von der Haftung, sie kann jedoch als Beweisanzeichen für die Pflichtgemäßheit von Ermessensentscheidungen gelten.[75] Die Grenzen der zu beachtenden Sorgfalt werden überschritten, wenn die Gesellschaft im Falle der Verwirklichung des Risikos nicht mehr über die für die Verfolgung ihres Unternehmenszwecks notwendigen Mittel verfügt.[76] Auch die Rechtsprechung tendiert in diese Richtung. Ein Geschäft, dessen Scheitern zur Insolvenz der Gesellschaft führt, kann nicht verantwortet werden.[77] Der Geschäftsführer hat unangemessene Risiken für sein Unternehmen zu vermeiden; auch bei Wahrscheinlichkeit des Erfolgseintritts hat daher ein Geschäft zu unterbleiben, wenn es im Falle eines Misslingens zu einer erheblichen Gefährdung von Bestand und Entwicklung des Unternehmens führen würde. Vielmehr ist zu berücksichtigen, ob der unwahrscheinliche, aber nicht auszuschließende negative Ausgang des beabsichtigten Geschäfts zu unangemessen hohen Risiken für den Bestand und die Entwicklung der Firma führen kann.[78]

---

72 OLG Stuttgart, Beschluss vom 19. Juni 2012 – 20 W 1/12, WM 2012, 2004, 2010 f; OLG Koblenz, Urteil vom 23. Dezember 2014 – 3 U 1544/13, WM 2015, 340, 343; Lutter, GmbHR 2000, 301, 305, Altmeppen, GmbHG 8. Aufl., § 43 Rn. 16; Groß-Komm-AktG/Hopt, 4. Aufl., § 93 Rn. 82; großzügiger etwa Ziemons in Michalski/Heidinger/Leible/Schmidt, GmbHG, 3. Aufl., § 43 Rn. 193; Ulmer/Paefgen, GmbHG, 2. Aufl., § 43 Rn. 141.

73 OLG Düsseldorf, Beschluss vom 9. Dezember 2009 – I-6 W 45/09, ZIP 2010, 28, 31; Scholz/Schneider, GmbHG, 11. Aufl., § 43 Rn. 94.

74 BFH, Urteil vom 14. September 1994 – I R 6/94 –, BFHE 175, 412 Rn. 12; OLG Jena, Urteil vom 1. September 1998 – 5 U 1816/97, NZG 1999, 121, 122; Ulmer/Paefgen, GmbHG, 2. Aufl., § 43 Rn. 141.

75 Hopt in GroßKomm-AktG, 4. Aufl., § 93 Rn. 348.

76 Ziemons in Michalski/Heidinger/Leible/Schmidt, GmbHG, 3. Aufl., § 43 Rn. 194.

77 OLG Koblenz, Urteil vom 23. Dezember 2014 – 3 U 1544/13, WM 2015, 340, 343.

78 OLG Jena, Urteil vom 8. August 2000 – 8 U 1387/98, NZG 2001, 86, 87; OLG Düsseldorf, Beschluss vom 9. Dezember 2009 – I-6 W 45/09, ZIP 2010, 28, 31; vgl.

IV. Pflichtverletzungen des Insolvenzverwalters

Die Bestimmung des § 60 Abs. 1 S. 1 begründet eine Schadensersatzpflicht des Insolvenzverwalters gegenüber „allen Beteiligten", wenn er schuldhaft die Pflichten verletzt, die ihm „nach diesem Gesetz" obliegen. Danach haftet der Insolvenzverwalter nicht gegenüber jedermann, sondern nur den Beteiligten. Außerdem ist nur die Verletzung von Pflichten haftungsbegründend, die ihm nach diesem Gesetz, also der InsO, obliegen. Der Sorgfaltsmaßstab des „Verschuldens" wird durch § 60 Abs. 1 S. 2 InsO an die Sorgfalt eines ordentlichen und gewissenhaften Insolvenzverwalters" geknüpft. Im Vergleich zur Organhaftung, die auch nicht gegenüber beliebigen Dritten, sondern nur im Verhältnis zur Gesellschaft zum Tragen kommt, werden die Pflichten durch die Beschränkung auf gesetzliche Pflichten konkretisiert. Der Sorgfaltsmaßstab gleicht mit der Bezugnahme auf einen ordentlichen und gewissenhaften Verwalter der Organhaftung.

1. Haftungsgläubiger

Der Insolvenzverwalter ist gemäß § 60 Abs. 1 S. 1 InsO allen Beteiligten zum Schadensersatz verpflichtet, wenn er schuldhaft die Pflichten verletzt, die ihm nach diesem Gesetz obliegen. Haftungsbegründend ist nur die Verletzung solcher Pflichten, die dem Insolvenzverwalter in dieser Eigenschaft durch die Vorschriften der Insolvenzordnung übertragen sind. Damit soll der Gefahr einer Ausuferung der Haftung des Insolvenzverwalters vorgebeugt werden. In diesem Sinne war bereits § 82 KO als Vorgängerregelung des § 60 Abs. 1 S. 1 InsO ausgelegt. Insolvenzspezifische Pflichten hat der Verwalter gegenüber dem Schuldner und insbesondere den Insolvenzgläubigern, aber auch gegenüber den Massegläubigern im Sinne der §§ 53 ff. InsO sowie gegenüber den Aussonderungs- und Absonderungsberechtigten wahrzunehmen. So hat er für eine möglichst weitgehende gleichmäßige Befriedigung der Insolvenzforderungen zu sorgen (§§ 1, 187 ff InsO), Massegläubiger vorweg (§ 53 InsO) und gegebenenfalls in der Rangfolge des § 209 InsO zu befriedigen sowie die dinglichen Rechte der Aussonderungs- und Absonderungsberechtigten (§§ 47 ff. InsO) zu beachten. Insolvenzspezifische Pflichten obliegen dem Verwalter danach im Verhältnis zu einer insolventen Schuldnerin, aber – gleich ob es sich um die

---

auch OLG Jena, Urteil vom 1. September 1998 – 5 U 1816/97, NZG 1999, 121, 122.

Vorstände einer Aktiengesellschaft oder die Geschäftsführer einer GmbH handelt – nicht im Verhältnis zu ihren Organen. Der Verwalter hat gegenüber den Organen nur insoweit Pflichten zu erfüllen, als diese ihm als Vertreter der Schuldnerin oder Insolvenz- oder Massegläubiger gegenübertreten.[79] Vor diesem Hintergrund war seit jeher anerkannt, dass der nach § 64 GmbHG wegen verbotener Zahlungen in Anspruch genommene Geschäftsführer einer insolventen GmbH nicht zu dem Kreis der geschützten Beteiligten gehört. Der Geschäftsführer ist insoweit vielmehr ausschließlich Schuldner der Masse, dem gegenüber der Verwalter keine insolvenzspezifischen Pflichten zu erfüllen hat.[80]

2. *Zu beachtende Pflichten*

Welche Pflichten den Insolvenzverwalter treffen, hängt nicht anders als bei der Organhaftung von den Besonderheiten des jeweiligen Einzelfalls ab.[81]

a) Verwaltung der Masse

Insolvenzspezifisch ist der Verwalter dazu verpflichtet, das zur Insolvenzmasse gehörende Vermögen zu bewahren und ordnungsgemäß zu verwalten. Vom Schutzbereich dieser Pflicht sind nicht nur die Gläubiger erfasst, sie ist auch gegenüber dem Schuldner zu beachten. Dieser hat ein rechtlich geschütztes Interesse daran, den Umfang seiner Nachhaftung gemäß § 201 Abs. 1 S. 1 InsO gering zu halten oder einen Überschuss zu erzielen.[82] Zu den Pflichten gehört es, zur Masse gehörende Forderungen des Schuldners gegen Dritte geltend zu machen und erforderlichenfalls mit den Mitteln des Rechts durchzusetzen.[83] Die Pflicht zur ordnungsgemäßen Bewahrung und Verwaltung der Insolvenzmasse ist vielfach nicht schon dann erfüllt, wenn es dem Verwalter gelingt, den Bestand der Masse zu erhalten. Der Insolvenzverwalter kann gehalten sein, bis zur endgültigen Verteilung der Masse nicht benötigte Gelder nicht nur zu sichern, sondern auch zinsgüns-

---

79 BGH, Beschluss vom 14. April 2016 – IX ZR 161/15, NZG 2016, 838 Rn. 14.
80 BGH, Beschluss vom 14. April 2016 – IX ZR 161/15, NZG 2016, 838 Rn. 15.
81 BGH, Urteil vom 16. März 2017 – IX ZR 253/15, BGHZ 214, 220 Rn. 14.
82 BGH, Urteil vom 26. Juni 2014 – IX ZR 162/13, Rn. 11.
83 BGH, Urteil vom 03. März 2016 – IX ZR 119/15, NJW-RR 2016, 686 Rn. 15.

tig anzulegen. Zur Masseverwaltungspflicht gehört danach auch ein allgemeines Wertmehrungsgebot.[84]

b) Wettbewerbsverbot

Das gemäß § 88 Abs. 1 AktG den Vorstand einer Aktiengesellschaft treffende Verbot, im Geschäftszweig der Gesellschaft für eigene oder fremde Rechnung Geschäfte zu machen, gilt für den geschäftsführenden Gesellschafter einer Personengesellschaft, einer Erwerbs-BGB-Gesellschaft und den Geschäftsführer einer Gesellschaft mit beschränkter Haftung ebenfalls. Der Geschäftsführer oder geschäftsführende Gesellschafter muss in allen Angelegenheiten, die das Interesse der Gesellschaft berühren, deren Wohl und nicht seinen eigenen Nutzen oder den Vorteil anderer im Blick haben. Bei der Übertragung der Geschäftsführungsbefugnis dürfen die (anderen) Gesellschafter darauf vertrauen, der Geschäftsführer oder geschäftsführende Gesellschafter werde getreu seinem Versprechen seine Tätigkeit dem Gesellschaftszweck widmen und sich uneigennützig für das gemeinsame Ziel einsetzen; dieser darf sich deshalb bei der Geschäftsführung nur vom Gesellschaftsinteresse leiten lassen und muss seine eigenen Interessen hintansetzen. Aus dieser Treuepflicht des Geschäftsführers wird hergeleitet, dass es ihm ohne ausdrückliche Erlaubnis nicht gestattet ist, im Geschäftszweig der Gesellschaft Geschäfte für eigene Rechnung zu tätigen oder tätigen zu lassen oder den Vollzug bereits von der Gesellschaft abgeschlossener Verträge durch Abwicklung auf eigene Rechnung oder in sonstiger Weise zu beeinträchtigen oder zu vereiteln. Der Geschäftsführer darf Geschäftschancen nicht für sich, sondern nur für die Gesellschaft ausnutzen und hat ihr, wenn er hiergegen verstößt, einen dadurch entstandenen Schaden zu ersetzen. Er darf keine Geschäfte an sich ziehen, die in den Geschäftsbereich der Gesellschaft fallen und dieser aufgrund bestimmter konkreter Umstände bereits zugeordnet sind.[85]

Dieser Rechtsgedanke lässt sich auf einen Insolvenzverwalter übertragen. Er ist zwar nicht vom Schuldner oder – wenn es sich beim Insolvenzschuldner um eine Gesellschaft handelt – von den Gesellschaftern beauftragt worden; mit seiner Bestellung zum Insolvenzverwalter hat er jedoch eine Rechtsmacht erhalten, die nicht hinter derjenigen eines Geschäftsleiters zurückbleibt. Gemäß § 80 Abs. 1 InsO ist er berechtigt, das zur Insol-

84 BGH, Urteil vom 16. März 2017 – IX ZR 253/15, BGHZ 214, 220 Rn. 13.
85 BGH, Urteil vom 16. März 2017 – IX ZR 253/15, BGHZ 214, 220 Rn. 20.

venzmasse gehörende Vermögen zu verwalten und über es zu verfügen. Diese Rechtsmacht ist zweckgebunden. Das Insolvenzverfahren dient den Interessen der Gläubiger und des Insolvenzschuldners, nicht den Erwerbsinteressen des Insolvenzverwalters. Entsprechend hat der Verwalter die ihm übertragenen weitreichenden Befugnisse ausschließlich zur Verfolgung des Verfahrenszwecks zu nutzen. Bietet sich ihm die Möglichkeit, ein für die Masse vorteilhaftes Geschäft zu schließen, ist ihm jedenfalls dann verboten, das Geschäft an sich zu ziehen, wenn die Geschäftschance in den Geschäftsbereich des Schuldnerunternehmens fällt und diesem zugeordnet ist.[86]

c) Versicherungspflicht

Den Insolvenzverwalter treffen, sofern die Prämien überhaupt aus der Masse aufgebracht werden können, Versicherungspflichten ausschließlich im Interesse des Schuldners und seiner Gläubiger zum Zweck der Obhut und des Erhalts des Schuldnervermögens. Unter dem Gesichtspunkt der bestmöglichen Wahrung der Gläubigerinteressen mag es geboten sein, eine zugunsten des Geschäftsführers einer insolventen GmbH abgeschlossene Haftpflichtversicherung aufrechtzuerhalten, sofern Haftungsansprüche gegen den Geschäftsführer mangels finanzieller Leistungsfähigkeit nicht durchsetzbar sind. Hingegen besteht keine Verpflichtung des Insolvenzverwalters, eine solche Haftpflichtversicherung aus Mitteln der Masse zu bestreiten, um den Geschäftsführer von einer etwaigen Haftung zu befreien.[87]

3. *Sorgfaltsmaßstab des Insolvenzverwalters im Vergleich zu Gesellschaftsorganen*

Die Kardinalpflichten des Insolvenzverwalters äußern in der ordnungsgemäßen Verwaltung und Bewahrung des Gesellschaftsvermögens. Im Einzelfall kann die Verpflichtung hinzutreten, das Vermögen nach Möglichkeit zu mehren. Diese Pflichtenstellung entspricht einschließlich des Verbots, Geschäftschancen der Masse im Eigeninteresse wahrzunehmen, im Wesentlichen der eines Gesellschaftsorgans. Der Pflichtenkreis des Insol-

86 BGH, Urteil vom 16. März 2017 – IX ZR 253/15, BGHZ 214, 220 Rn. 21.
87 BGH, Beschluss vom 14. April 2016 – IX ZR 161/15, NZG 2016, 838 Rn. 16.

venzverwalters geht allerdings im Blick auf spezielle insolvenzrechtliche Pflichten wie die Entscheidung über die Erfüllung beiderseits nicht vollständig abgewickelter Verträge (§ 103 InsO), die Ausübung von Sonderkündigungsrechten (§§ 109, 113 InsO), die Verwertung der Masse (§§ 165 ff. InsO) und die Feststellung von Forderungen zur Tabelle (§§ 174 ff. InsO) über den Verantwortungsbereich von Gesellschaftsorganen hinaus.[88] Wegen dieser zusätzlichen Pflichten verlangt das Gesetz in § 60 Abs. 1 S. 2 InsO die Sorgfalt eines „ordentlichen und gewissenhaften Insolvenzverwalters“ anstelle derjenigen eines „ordentlichen und gewissenhaften Geschäftsmannes“. Was die eigentliche Geschäftsführung im Sinne der Verwaltung und Bewahrung des Gesellschafsvermögens anbelangt, bestehen indes keine unterschiedlichen Sorgfaltspflichten.[89] Darum überrascht es nicht, dass der Bundesgerichtshof dem Insolvenzverwalter in der Vergangenheit ausdrücklich auferlegt hat, die Sorgfalt eines „ordentlichen und gewissenhaften Geschäftsleiters“ zu wahren.[90] Ferner wurde darauf hingewiesen, dass die Beschränkung der Haftung des Verwalters auf den Personenkreis der Verfahrensbeteiligten den Regelungen der §§ 93 AktG, 43 GmbHG entspricht, wonach die Interessenvertreter nur den Interessenträgern haften.[91] Soweit der Bundesgerichtshof §§ 60, 61 InsO im Eigenverwaltungsverfahren für anwendbar erklärt hat, geschah dies, um den Beteiligten einen Direktanspruch gegen die Organe zu eröffnen, aber nicht deswegen, weil der Haftungsmaßstab des § 60 InsO inhaltlich von dem des § 43 GmbHG abweicht.[92] Die gleichartige Pflichtenstellung wird zusätzlich dadurch verdeutlicht, dass nach dem ausdrücklichen Willen des Gesetzgebers § 60 Abs. 1 S. 2 InsO den Vorschriften der § 347 Abs. 1 HGB, § 93 Abs. 1 S. 1, § 34 Abs. 1 S. 1 GenG, § 43 Abs. 1 S. 1 GmbHG nachgebildet ist.[93] Dieser Umstand unterstreicht das Näheverhältnis der Insolvenzverwalter- und Geschäftsleiterpflichten und spricht gegen die Schlussfolgerung, dass der Pflichtenmaßstab der Gesellschaftsorgane und des Insolvenzverwalters im Kern unterschiedlich ausgestaltet ist.[94]

---

88 Vgl. BGH, Urteil vom 26. April 2018 – IX ZR 238/17, BGHZ 218, 290 Rn. 53.
89 Vgl. Jaeger/Gerhardt, InsO, § 60 Rn. 6.
90 BGH, Urteil vom 4. Dezember 1986 – IX ZR 47/86, BGHZ 99, 151, 156; vom 14. April 1987 – IX ZR 260/86, BGHZ 100, 346, 351.
91 BGH, vom 14. April 1987 – IX ZR 260/86, BGHZ 100, 346.
92 BGH, Urteil vom 26. April 2018 – IX ZR 238/17, BGHZ 218, 290 Rn. 30 ff.
93 BT-Drucks. 12/2443, S. 128.
94 Anders wohl BGH, Urteil vom 12. März 2020 – IX ZR 125/17, WM 2020, 969 Rn. 26.

Unterschiedliche Haftungsmaßstäbe ergeben sich schwerlich aus den in der Gesetzesbegründung angeführten, die Insolvenzverwaltung erschwerenden Umstände wie etwa der Notwendigkeit einer Einarbeitung des Insolvenzverwalters in einem fremden Geschäftszweig oder einer unzureichender Buchführung.[95] Zwar wird gefordert, dass der Geschäftsleiter ohne Einarbeitungszeit ab seiner Bestellung seinen Pflichten voll zu genügen hat.[96] Dies erscheint zumindest zweifelhaft, weil der Geschäftsführer von Anfang an sicherlich über die gebotene Sachkunde verfügen muss, aber schwerlich alle Unternehmensdetails kennen kann, sondern sich insoweit auf Zuarbeit verlassen darf.[97] Selbst wenn man allein dem Insolvenzverwalter[98] und nicht auch dem Geschäftsleiter eine Einarbeitungszeit zubilligt, würde sich der Sorgfaltsmaßstab nur temporär, aber nicht auf Dauer inhaltlich verschieben.

4. *Unternehmerische Entscheidungen des Insolvenzverwalters*

Abschließend geht es um die Frage, ob sich der Insolvenzverwalter auf die Business Judgement Rule stützen kann.

a) Die Auffassung der Rechtsprechung

Die Business Judgement Rule findet nach der neuesten höchstrichterlichen Entscheidung auf unternehmerische Entscheidungen des Insolvenzverwalters weder im Wege einer Analogie zu § 93 Abs. 1 S. 2 AktG noch anderweitig Anwendung. Es fehlt an einer planwidrigen Regelungslücke. Die Haftungsmaßstäbe für den Insolvenzverwalter ergeben sich aus den Bestimmungen der Insolvenzordnung, die Besonderheiten bei unternehmerischen Entscheidungen des Insolvenzverwalters ausreichend Rechnung tragen.[99]

Maßstab aller unternehmerischen Entscheidungen des Insolvenzverwalters im Rahmen einer Betriebsfortführung ist der Insolvenzzweck der bestmöglichen gemeinschaftlichen Befriedigung der Insolvenzgläubiger sowie

---

95 BT-Drucks. 12/2443, S. 128.
96 Rowedder/Schmidt-Leithoff/Schnorbus, GmbHG, 6. Aufl., § 43 Rn. 77.
97 Vgl. Scholz/Schneider, GmbHG, 11. Aufl., § 43 Rn. 232.
98 BGH, Urteil vom 26. Juni 2014 – IX ZR 162/13, NJW-RR 2014, 1516 Rn. 17, 18.
99 BGH, Urteil vom 12. März 2020 – IX ZR 125/17, WM 2020, 969 Rn. 32.

das von den Gläubigern gemeinschaftlich beschlossene Verfahrensziel – Abwicklung des Unternehmens, Veräußerung oder Insolvenzplan – als Mittel der Zweckerreichung. Hierzu hat der Insolvenzverwalter unternehmerische Entscheidungen im Rahmen einer Unternehmensfortführung daran auszurichten, ob die zu erwartenden mittelbaren oder unmittelbaren Vorteile für die Masse angesichts der mit der Maßnahme verbundenen Kosten, Aufwendungen, Chancen und Risiken aus der Sicht ex ante diese als eine für die Masse wirtschaftlich im Ergebnis sinnvolle Maßnahme erscheinen lassen. Maßgeblich ist, ob aus ex ante-Sicht die für die Unternehmensfortführung und für das von den Gläubigern beschlossene Verfahrensziel erreichbaren Vorteile der Masse die damit verbundenen Kosten zu rechtfertigen vermögen. Ob der Insolvenzverwalter durch eine Maßnahme im Rahmen einer auf eine übertragende Sanierung ausgerichteten Unternehmensfortführung seine insolvenzspezifischen Pflichten verletzt hat, hängt von den konkreten Umständen des Einzelfalls ab. Bei solchen unternehmerischen Entscheidungen kommt dem Insolvenzverwalter ein weiter, mit der Vielschichtigkeit des Verfahrens zunehmender Ermessensspielraum zu. Er ist überschritten, wenn die Maßnahme aus der Perspektive ex ante angesichts der mit ihr verbundenen Kosten, Aufwendungen und Risiken im Hinblick auf die Pflicht des Insolvenzverwalters, die Masse zu sichern und zu wahren, nicht mehr vertretbar ist.[100]

b) Stellungnahme

Der Würdigung, dass sich der Insolvenzverwalter grundsätzlich nicht auf die Business Judgement Rule stützen kann, ist im Ansatz beizutreten. Dies folgt jedoch weniger aus der Unanwendbarkeit des § 93 Abs. 1 S. 2 AktG, sondern beruht vielmehr auf der Insolvenzsituation.

aa) Inhaltliche Ausformung des Sorgfaltsmaßstabes

Der Insolvenzrechtssenat des Bundesgerichtshofs räumt dem Insolvenzverwalter bei unternehmerischen Entscheidungen einen weiten Ermessenspielraum ein, der erst überschritten ist, wenn die Maßnahme im Blick auf Kosten und Risiken nicht mehr vertretbar ist.[101] Ob darin ein substantiel-

100 BGH, Urteil vom 12. März 2020 – IX ZR 125/17, WM 2020, 969 Rn. 26 ff.
101 BGH, Urteil vom 12. März 2020 – IX ZR 125/17, WM 2020, 969 Rn. 26 ff.

ler Unterschied zu der von dem Gesellschaftsrechtssenat des Bundesgerichtshofs zur Business Judgement Rule entwickelten Rechtsprechung liegt, kann bezweifelt werden. Offenbar hat sich der Insolvenzrechtssenat an der Wendung gestört, dass eine Haftung des Geschäftsleiters nach der Business Judgement Rule erst in Betracht kommt, wenn er das mit der unternehmerischen Entscheidung verbundene Risiko in völlig unverantwortlicher Weise falsch beurteilt hat oder sein unternehmerisches Handeln schlechthin unvertretbar ist.[102] Diese Formulierung gibt die Formel des Gesellschaftsrechtssenats aus seiner Grundsatzentscheidung[103] etwas überspitzt wieder. Zudem hat sich der Gesellschaftsrechtsenat in späteren Entscheidungen mit dem rechtlichen Hinweis begnügt, dass den Geschäftsleiter nicht den Vorwurf der Pflichtwidrigkeit trifft, wenn er vernünftigerweise annehmen durfte, auf der Grundlage angemessener Information zum Wohle der Gesellschaft zu handeln.[104] Dessen ungeachtet dürfte sich ein wesentlicher Erkenntnis- oder Subsumtionsgewinn kaum darin äußern, eine Maßnahme darauf zu prüfen, ob sie als „nicht mehr vertretbar“ erscheint[105] oder mit ihr die Grenzen unternehmerisches Handeln „in unverantwortlicher Weise überspannt“ werden[106]. Vielmehr bedarf es einer Einzelfallbeurteilung, für die solche in Details abweichende Rechtsprechungssätze letztlich keine belastbare Handreichung bieten.

bb) Insolvenzsituation

Freiraum für risikobehaftete strategische unternehmerische Entscheidungen eröffnet die Business Judgement Rule grundsätzlich nur außerhalb eines Insolvenzverfahrens. Der Insolvenzverwalter darf derartige Entscheidungen nur in Abstimmung mit dem Gläubigerausschuss treffen und hat allenfalls in Eilfällen originäre Befugnisse.

---

102 BGH, Urteil vom 12. März 2020 – IX ZR 125/17, WM 2020, 969 Rn. 37.
103 BGH, Urteil vom 21. April 1997 – II ZR 175/95, BGHZ 135, 244, 253 f.
104 BGH, Urteil vom 18. Juni 2013 – II ZR 86/11, BGHZ 197, 304 Rn. 27 mwN.
105 BGH, Urteil vom 12. März 2020 – IX ZR 125/17, WM 2020, 969 Rn. 27.
106 BGH, Urteil vom 21. April 1997 – II ZR 175/95, BGHZ 135, 244, 253 f.

(1) Krise und Bestandsschutz

Es wurde bereits darauf hingewiesen, dass die Business Judgement Rule in einer Unternehmenskrise stark eingeschränkt ist und vor allem eine Gefährdung des Unternehmensbestands nicht zu rechtfertigen vermag. Es kann durch die Business Judgement Rule gerechtfertigt sein, wenn ein bestens mit Liquidität ausgestattetes Unternehmen die Geschäftsanteile eines Konkurrenten erwirbt, obwohl sich dieser Zukauf später als Fehlinvestition erweist. Derartige Risiken darf aber im Interesse des Gläubigerschutzes nur ein gesundes, nicht ein in einer finanziellen Krise befindliches Unternehmen eingehen. Es darf nicht etwa letzte Kreditmittel zu Lasten seiner Gläubiger aufs Spiel setzen, um einen höchst ungewissen wirtschaftlichen Erfolg zu erzielen. Diese Beschränkungen der Business Judgement Rule, die für ein gerade noch nicht insolvenzreifes Unternehmen zu beachten sind, gelten umso mehr nach Insolvenzeröffnung. Mit einer Insolvenz ist typischerweise eine akute, nur schwer abwendbare Gefährdung des Unternehmens verbunden. Der Insolvenzverwalter hat die Interessen der Gläubigergesamtheit zu wahren. Damit verträgt es sich nicht, wenn er auf dem Rücken der Gläubiger unbeherrschbare Wagnisse eingeht, die deren Befriedigungschancen zusätzlich mindern.

(2) Unternehmerische Entscheidungen vor und nach Insolvenzeröffnung

Bedeutsam für die Reichweite eines Beurteilungsspielraums der Unternehmensleitung ist darum die Frage, ob es sich um vor oder nach Insolvenzeröffnung zu treffende unternehmerische Entscheidungen handelt. Wird ein Insolvenzverfahren eröffnet, liegt es nahe, dass frühere, durch die Business Judgement Rule gedeckte unternehmerische Entscheidungen fehlgeschlagen sind. Dieser Umstand wirkt sich auf den Beurteilungsspielraum des Insolvenzverwalters aus. Den Gläubigern, die bereits ganz erhebliche Nachteile durch unternehmerische Fehlentscheidungen der Organe erlitten haben, müssen davor geschützt werden, dass das Restvermögen des Schuldners durch unternehmerische Fehlentscheidungen des Insolvenzverwalters verloren geht. Der Insolvenzverwalter muss mit anderen Worten besondere Vorsicht walten lassen und vornehmlich das vorhandene Vermögen erhalten. Chancen einer Wertmehrung sind wahrzunehmen, wenn keine besonderen Risiken hinzutreten, wie sie jedem Vertragsschluss immanent innewohnen. Diese Erkenntnis hat bereits in der Rechtsprechung Niederschlag gefunden, die den Insolvenzverwalter verpflichtet, nicht benötigte Mittel gewinnbringend zum Durchschnittszins auf einem üblichen Tagesgeldkonto anzulegen, dessen Bestand durch ein Einlagensicherungssystem gedeckt ist.[107] Damit ist dem Insolvenzverwalter verwehrt, mit Massemitteln auf Risiko der Verfahrensbeteiligten zu spekulieren. Dagegen darf der Verwalter Geschäfte, welche die Masse ohne sonderlichen Aufwand und ohne großes Risiko erheblich vermehren, eingehen.[108]

(3) Unternehmensfortführung

Die Regelungen der Insolvenzordnung lassen erkennen, dass der Insolvenzverwalter grundsätzlich für Wagnisse der Unternehmensfortführung einstehen muss.

(a) Masseverbindlichkeiten

Ein deutlicher Fingerzeig für die Haftung des Insolvenzverwalters beim Eingehen unternehmerischer Risiken ist § 61 InsO zu entnehmen. Nach dieser Vorschrift muss der Verwalter im Falle einer von ihm begründeten Masseverbindlichkeit persönlich dafür einstehen, dass eine zur Erfüllung dieser Schuld ausreichende Masse vorhanden ist. Entscheidend ist, ob der Verwalter bei der Begründung der Schuld erkennen konnte, dass die Masse zur Erfüllung der Verbindlichkeit, voraussichtlich nicht ausreichen würde, wobei die Beweislast für das Fehlen dieser Voraussetzungen den Verwalter trifft. Ohne eine solche dem Schutz der Vertragspartner dienende Regelung könnte die Unternehmensfortführung nach Einschätzung des Gesetzgebers entscheidend erschwert werden.[109] Eine Haftung kann eingreifen, wenn der Insolvenzverwalter für die Insolvenzmasse die Verpflichtung übernimmt, Rinder von Amerika nach Europa zu verschiffen, dies ihr aber mangels der hierfür notwendigen liquiden Mittel nicht möglich ist.[110] Der Bestimmung ist der allgemeine Rechtsgedanke zu entnehmen, dass der Verwalter für die Risiken einer Unternehmensfortführung einzustehen hat. Muss der Verwalter für Verbindlichkeiten aus einer fehlgeschlagenen Umstrukturierung gegenüber den Massegläubigern einstehen, kann wegen

---

107 BGH, Urteil vom 26. Juni 2014 – IX ZR 162/13, NJW-RR 2014, 1516 Rn. 16 ff, 22.

108 BGH, Urteil vom 16. März 2017 – IX ZR 253/15, BGHZ 214, 220 Rn. 15.

109 BT-Drucks. 12/2443, S. 129.

110 BGH, Urteil vom 11. Januar 2018 – IX ZR 37/17, NZI 2018, 258 Rn. 13.

weiterer durch die Aushöhlung der Masse bedingter Schäden im Verhältnis zu dem Schuldner und den Insolvenzgläubigern nichts anderes gelten. Dieser Würdigung steht nicht entgegen, dass sich der Insolvenzverwalter gemäß § 61 S. 2 InsO durch eine plausible, ständig überprüfte und aktualisierte Liquiditätsrechnung entlasten kann.[111] Dies gilt nur für die zutreffende Erstellung eines Finanzplans und nicht auch für sonstige Risiken der Unternehmensfortführung.

(b) Entscheidung über Unternehmensfortführung

Es kommt hinzu, dass die Gläubigerversammlung gemäß § 157 S. 1 InsO im Berichtstermin darüber beschließt, ob das Unternehmen stillgelegt oder fortgeführt wird. Um dieser Entscheidung nicht vorzugreifen, hat der Insolvenzverwalter, wenn nicht eine Stilllegung oder Veräußerung unumgänglich ist, das Unternehmen bis zum Berichtstermin grundsätzlich fortzuführen.[112] Da es sich um eine vorläufige, von der Entscheidung der Gläubigerversammlung abhängige Fortführung handelt, versteht es sich von selbst, dass dem Insolvenzverwalter in der Phase bis zur Beschlussfassung grundlegende unternehmerische Entscheidungen versagt sind. Spricht sich die Gläubigerversammlung für eine Fortführung aus, handelt es sich weiterhin um eine vorläufige, jederzeit änderbare Entscheidung (§ 157 S. 2 und 3 InsO). Um die Zuständigkeit der Gläubigerversammlung zu wahren, sind unternehmerische Entscheidungen mit einem Risikopotential in Anlehnung an die Rechtslage in der GmbH gemäß § 160 Abs. 1 S. 1 InsO dem Gläubigerausschuss bzw. der Gläubigerversammlung zur Entscheidung vorzulegen.[113] Die Entscheidung des Gläubigerausschusses befreit den Insolvenzverwalter von der Haftung.[114] Deswegen empfiehlt es sich, gerade bezüglich der Unternehmensfortführung eine enge Abstimmung mit dem Gremium sicherzustellen.

Bei dieser Sachlage kann der Insolvenzverwalter allenfalls in Eilfällen, in denen der Gläubigerausschuss nicht mehr rechtzeitig beteiligt werden kann, unternehmerische Entscheidungen treffen. Da in Eilfällen die Einholung angemessener Information und die gebotene umfassende Risikoab-

111 BGH, Urteil vom 6. Mai 2004 – IX ZR 48/03, BGHZ 159, 104, 116.
112 BT-Drucks. 12/2443, S. 173.
113 Jaeger/Eckard, InsO, § 160 Rn. 39.
114 BGH, Urteil vom 12. März 2020 – IX ZR 125/17, WM 2020, 969 Rn. 64.

wägung erschwert ist, muss er dem Bestandsinteresse Vorrang geben und die Risiken minimieren.[115]

(4) Die entschiedene Sache

Es erscheint schon im Ansatz zweifelhaft, ob die Leitentscheidung[116] tatsächlich eine Gestaltung der Business Judgement Rule betrifft. Soweit Honorare für Beratungsleistungen gezahlt wurden, die nicht der Schuldnerin, sondern ihrem Nachfolgeunternehmen zugutekamen, ist tatsächlich der Legalitätsgrundsatz verletzt.[117] Ferner hatte der Verwalter die Prüfung versäumt, ob die abgerechneten Leistungen für das insolvente Unternehmen überhaupt brauchbar waren.[118] Möglicherweise konnten hier Ersatzansprüche wegen der Billigung der Maßnahme durch die Gläubigerversammlung entfallen sein.[119] Es dürfte sich schon im Blick auf die Begründung eines Dauerschuldverhältnisses[120] mit einer Entlohnung um mehrere 100.000 € um eine besonders bedeutsame Rechtshandlung (§ 160 Abs. 1 InsO) gehandelt haben, zumindest aber wegen der hier zu befürchtenden Interessenkollision[121] der Beauftragung eines Beraters, der Gesellschafter des Unternehmens ist, das den Betrieb der Schuldnerin übernimmt. Allerdings wäre die Zustimmung nicht haftungsbefreiend, falls, was naheliegt, die Interessenkollision nicht offen gelegt wurde.

V. Zusammenfassung

Ein grundlegender Unterschied im Blick auf den von Gesellschaftsorganen und einem Insolvenzverwalter zu beachtenden Sorgfaltsmaßstab ist – zumal nach Eintritt der materiellen Insolvenz – nicht gegeben. Ob den Sorgfaltspflichten genügt ist, bedarf, ohne dass sich gewisse tatbestandliche Unterschiede der jeweils einschlägigen gesetzlichen Regelungen auswirken, einer Prüfung im jeweiligen Einzelfall. Die Business Judgement Rule ist auf die Leitung eines gesunden Unternehmens zugeschnitten. Sie ist im

---

115 Vgl. Scholz/Schneider, GmbHG, 11. Aufl., § 43 Rn. 58.
116 BGH, Urteil vom 12. März 2020 – IX ZR 125/17, WM 2020, 969 Rn. 44 ff.
117 BGH, Urteil vom 9. Dezember 1996 – II ZR 240/95, NJW 1997, 741, 742.
118 BGH, Urteil vom 9. Dezember 1996 – II ZR 240/95, NJW 1997, 741, 742.
119 Anders BGH, Urteil vom 12. März 2020 – IX ZR 125/17, WM 2020, 969 Rn. 64.
120 MünchKomm-InsO/Janssen, 4. Aufl., § 160 Rn. 25.
121 Jaeger/Eckard, InsO, § 160 Rn. 40.

unmittelbaren zeitlichen Vorfeld einer Insolvenz und nach Eröffnung eines Insolvenzverfahrens mit Rücksicht auf die vorrangige Existenzsicherung allenfalls eingeschränkt anwendbar. Für grundlegende wirtschaftliche Entscheidungen hat der Insolvenzverwalter die Zustimmung des Gläubigerausschusses einzuholen.

Flexible Arbeitsbedingungen und Change Management als Wege aus der Krise

Rechtsanwalt Jan-Philipp Brune, KLIEMT.Arbeitsrecht, München

Die in der Krise bestehende Herausforderung liegt vor allem darin, für alle Stakeholder möglichst schnell klare Verhältnisse zu schaffen, um insbesondere im Hinblick auf die Kostenlast des Arbeitgebers Planungssicherheit zu gewinnen. Das Arbeitsrecht stellt hierfür eine ganze Reihe von sinnvollen und in der Praxis bereits etablierter Hilfsmittel zur Verfügung, auf die weiterhin zurückgegriffen werden kann. Unternehmen steht ein arbeitsrechtlicher „Baukasten" mit einer Vielzahl von Möglichkeiten und Handlungsoptionen zur Verfügung, den es gezielt zu nutzen und einzusetzen gilt. Um die dem Arbeitgeber zur Verfügung stehenden Instrumente in der Krise effektiv, sinnvoll und zielgenau einsetzen zu können, ist es einerseits unumgänglich, Zwischenergebnisse verlässlich festzuhalten, sie dabei aber im Hinblick auf sich stetig ändernde Rahmenbedingungen mit der notwendigen Flexibilität und Planungsoffenheit auszustatten. Im Folgenden soll ein Überblick vor allem über die aus Sicht der Praxis derzeit wichtigen Instrumente Kurzarbeit sowie der Einführung von Homeoffice und mobilem Arbeiten einschließlich der damit zusammenhängenden Fragen des Arbeitsschutzes und der Kostenlast verschafft, der Blick dabei zugleich aber auch auf die „Zeit nach der Krise" gerichtet werden, in der auch die Flexibilisierung von Arbeitszeit und Arbeitsort weiterhin große Bedeutung haben.

I. Arbeitszeitgestaltungen

Die Flexibilisierung der Arbeitszeit betrifft im Wesentlichen nichts anderes als die Frage, wie die in der Belegschaft verfügbaren Arbeitsstunden an den jeweiligen Bedarf des Arbeitsgebers auch kurzfristig angepasst werden können. Dabei sind sowohl die öffentlich-rechtlichen Grenzen des Arbeitszeitrechts als auch die teilweise engeren tarif-, betriebsverfassungs- und arbeitsvertraglichen Grenzen zu beachten.

1. *Arbeitszeitregelungen*

Die Regelungen des Arbeitszeitgesetzes (ArbZG) sind grundsätzlich auch in Zeiten der Krise nicht suspendiert und begrenzen die werktägliche Arbeitszeit auf acht bzw. zehn Stunden (§ 3 ArbZG) sowie längstens sechs Stunden hintereinander (§ 4 S. 3 ArbZG), schreiben nach Beendigung der täglichen Arbeitszeit eine ununterbrochene Ruhezeit von mindestens elf Stunden vor (§ 5 Abs. 1 ArbZG) und verbieten grundsätzlich Arbeit an Sonn- und Feiertagen (§ 9 Abs. 1 ArbZG).

Während in vielen Branchen und Unternehmen infolge der Entwicklungen um die rasante Ausbreitung des Coronavirus „SARS-CoV-2" seit Beginn der ersten Hälfte des Jahres 2020 Stagnation und deutliche Aufsatzrückgänge bis hin zum (vorübergehenden) Wegfall sämtlicher bestehenden Auftrage zu verzeichnen waren – und weiterhin sind – führt die Krisenbewältigung derzeit in „systemrelevanten" Bereichen (z. B. Gesundheitswesen, Pharmaindustrie, Laborbetriebe oder Versorgungseinrichtungen) zu erheblicher Mehrarbeit und einem Bedarf an Flexibilität, auf den mit den bislang im Arbeitszeitrecht vorgesehenen Ausnahmeregelungen nicht schnell und effektiv genug reagiert werden konnte.[1] Daher hat der Gesetz- und Verordnungsgeber mit dem sog. „Sozialschutz-Paket"[2] vom 27.03.2020 sowie der – zeitlich befristeten – „COVID-19-ArbZV"[3] reagiert, um insbesondere die in §§ 7, 14 Abs. 1 ArbZG bestehenden Vorschriften zu ergänzen.[4]

Unabhängig von der Frage, ob der Bedarf nach einer Flexibilisierung bislang bestehender Arbeitszeitregelungen auf die Bewältigung von Auftragszuwächsen oder den Wegfall von Auftragen zurückzuführen ist, haben die gesetzlichen Regelungen unmittelbare Konsequenzen allein im Arbeitsschutzrecht, also den öffentlich-rechtlichen Grenzen der Arbeitszeit; die erweiterte Flexibilität des Arbeitszeitrechts hat im Wesentlichen ledig-

---

1 Vgl. Gesetzentwurf der Fraktionen der CDU/CSU und SPD über ein Gesetz für den erleichterten Zugang zu sozialer Sicherung und zum Einsatz und zur Absicherung sozialer Dienstleister aufgrund des Coronavirus SARS-CoV-2 vom 24.03.2020 (BT-Drucks. 19/18107, S. 34); Greiner, NZS 2020, 339; Fuhlrott/Fischer, NZA 2020, 345, 346.

2 Gesetz für den erleichterten Zugang zu sozialer Sicherung und zum Einsatz und zur Absicherung sozialer Dienstleister aufgrund des Coronavirus SARS-CoV-2 vom 27.03.2020 (BGBl. I, S. 575).

3 Verordnung zu Abweichungen vom Arbeitszeitgesetz infolge der COVID-19-Epidemie (COVID-19-Arbeitszeitverordnung – COVID-19-ArbZV) vom 07.04.2020, BAnz AT 09.04.2020 V2 (außer Kraft seit 01.08.2020).

4 Fuhlrott/Fischer, NZA 2020, 345, 347; ausf. Greiner, NZS 2020, 339 ff.

lich die Handlungs- und Vereinbarungsspielräume für Mehrarbeit und Überstunden vergrößert.[5] Für deren Umsetzung im Arbeitsverhältnis gelten – wie bislang – die teilweise engeren betriebsverfassungs- und arbeitsvertraglichen Grenzen.

2. *Direktionsrecht*

Der Arbeitgeber ist ohne entgegenstehende individual- oder kollektivrechtliche Regelung kraft seines Direktionsrechts nach § 106 S. 1 GewO bzw. § 611a Abs. 1 S. 2 BGB berechtigt, die Lage der Arbeitszeit festzulegen bzw. einseitig zu ändern[6], dabei sogar den Wechsel von Nacht- zur Tagarbeit[7] und nach dem Arbeitsschutzrecht zulässig Sonn- und Feiertagsarbeit anzuordnen.[8] Zudem kann der Arbeitgeber mittels Direktionsrecht – innerhalb des gesetzlichen, tariflichen, kollektivrechtlichen bzw. arbeitsvertraglichen Rahmens – auch grundsätzlich anordnen, welche Art von Leistung erbracht wird, etwa ob „Normalarbeit", Rufbereitschaft, Bereitschaftsdienst, Überstunden oder Schichtarbeit zu leisten sind.[9] Allein aus dem Umstand, dass Arbeitnehmer vom Arbeitgeber – auch über längere Zeit – unter Überschreitung der vertraglich vorgesehenen Arbeitszeit eingesetzt wurden, ergibt für sich genommen aber noch keine Vertragsänderung.[10]

Demgegenüber wird der Umfang der Arbeitszeit als Hauptleistungspflicht grundsätzlich nicht vom Direktionsrecht des Arbeitgebers erfasst;[11] die Regelung etwa von Überstunden ist daher überwiegend in Tarifverträ-

5 Greiner, NZS 2020, 339, 340.

6 BAG, Urt. v. 15.09.2009 – 9 AZR 757/08 = NZA 2009, 1333, 1335; MüKoBGB/Spinner, 8. Aufl. 2020, § 611a Rn. 940.

7 BAG, Urt. v. 17.07.2007 – 9 AZR 819/06 = NZA 2008, 118, 119; BAG, Urt. v. 10.12.2014 – 10 AZR 63/14 = NZA 2015, 483, 486.

8 BAG, Urt. v. 15.09.2009 – 9 AZR 757/08 = NZA 2009, 1333, 1335; Fuhlrott, GWR 2020, 107, 109; a.A. Preis/Ulber, NZA 2010, 729, 733.

9 BAG, Urt. v. 25.04.2007 – 6 AZR 799/06 = NZA 2007, 1108, 1109; Fuhlrott, GWR 2020, 107, 109; MüKoBGB/Spinner, 8. Aufl. 2020, § 611a Rn. 940, 942.

10 BAG, Urt. v. 25.04.2007 – 5 AZR 504/06 = NZA 2007, 801, 802; MüKoBGB/Spinner, 8. Aufl. 2020, § 611a Rn. 935.

11 BAG, Urt. v. 12.12.1984 – 7 AZR 509/83 = NZA 1985, 321; LAG Düsseldorf, Urt. v. 30.08.2002 – 9 Sa 709/02 = NZA-RR 2003, 407, 408; Hromadka, RdA 1992, 234, 236; MüKoBGB/Spinner, 8. Aufl. 2020, § 611a Rn. 940; MHdB-ArbR/Reichold, 4. Aufl. 2018, § 40 Rn. 95.

gen und Betriebsvereinbarungen geregelt.[12] Zusätzlich kommt die arbeitsvertragliche Vereinbarung zeitlich befristeter Arbeitszeiterhöhungen in Betracht.[13] In Betrieben für die ein Betriebsrat besteht, können etwa bei der Einführung von Überstunden oder Änderung des Schichtbetriebs die Mitbestimmungsrechte nach § 87 Abs. 1 Nr. 2, 3 BetrVG zu beachten sein.

3. *Kurzfristige Maßnahmen – bei Auftragsrückgang*

Die Überwiegende Anzahl der Maßnahmen wird indes auf notwendige Einsparungsmaßnahmen und eine entgeltwirksame Reduzierung der Arbeitszeit abzielen. Hier können als vorhandene ad-hoc Flexibilisierungsinstrumente zur kurzfristigen Liquiditätssicherung etwa die im Rahmen tariflicher Regelungen zu Arbeitszeitkürzungen[14] oder der Arbeit auf Abruf (§ 12 TzBfG)[15] bestehenden Möglichkeiten genutzt werden. Die vorübergehende Freistellung von Arbeitnehmern unter Anrechnung auf ihren Urlaub, die Einführung von Betriebsferien mit der Verpflichtung zur Urlaubsnahme durch die Arbeitnehmer oder gar die vollständige vorübergehende Betriebsschließung kann dagegen zwar im Einzelfall angezeigt sein – etwa, wenn Lieferketten vollständig unterbrochen wurden – führt aber grundsätzlich nicht zu der notwendigen Entlastung. Insbesondere bleibt der Arbeitgeber als Träger des Betriebsrisikos gemäß § 615 BGB unterhalb der Schwelle der Existenzgefährdung grundsätzlich zur Lohnfortzahlung verpflichtet[16], setzt die Gewährung unbezahlten Urlaubs eine entsprechende Vereinbarung mit dem Arbeitnehmer voraus und können mit der – sowohl eine Ankündigungsfrist voraussetzenden wie auch der erzwingbaren Mitbestimmung unterliegenden – Einführung von Betriebsferien[17] zumin-

---

12 BAG, Urt. v. 03.06.2003 – 1 AZR 349/02 = NZA 2003, 1155, 1159 (Betriebsvereinbarung); MüKoBGB/Spinner, 8. Aufl. 2020, § 611a Rn. 942, 947; krit. MHdB-ArbR/Reichold, 4. Aufl. 2018, § 40 Rn. 96.

13 BAG, Urt. v. 25.04.2018 – 7 AZR 520/16 = NZA 2018, 1061, 1136; Fuhlrott, GWR 2020, 107, 109; Fuhlrott, NZA 2016, 1000.

14 Fuhlrott, GWR 2020, 107, 110.

15 Dazu etwa Raif/Ginal, ArbRAktuell, 2020, 244 ff; Reiserer, NZA-Beil. 2010, 39, 42; Heise/Schwald, NZA 2009, 753, 755; MHdB-ArbR/Reichold, 4. Aufl. 2018, § 40 Rn. 98.

16 BAG, Urt. v. 08.02.1957 – 1 AZR 338/55 = NJW 1957, 687, 688; BAG, Urt. v. 28.09.1972 – 2 AZR 506/71 = NJW 1973, 342, 343; BAG, Urt. v. 23.06.1994 – 6 AZR 872/93 = BeckRS 1994, 30923063; BAG, Urt. v. 23.09.2015 – 5 AZR 146/14 = NZA 2016, 293, 294; ErfK/Preis, 21. Aufl. 2021, § 615 BGB Rn. 123 ff.

17 Dazu Fuhlrott/Fischer, NZA 2020, 345, 348 f; Fuhlrott, GWR 2020, 107, 110.

dest nach älterer Rechtsprechung maximal drei Fünftel des Jahresurlaubsanspruchs verbraucht werden.[18]

Das Mittel der Wahl ist daher regelmäßig ein anderes:

a. Kurzarbeit

Der in Zeiten der Krise zur Verfügung stehende arbeitsrechtliche „Baukasten“[19] umfasst unter anderem auch die Möglichkeit zur Einführung von Kurzarbeit und – derzeit unter erleichterten Voraussetzungen möglichen[20] – Beantragung und Auszahlung von Kurzarbeitergeld. Bereits während der Krise an den Finanzmärkten in den Jahren 2008 und 2009 haben sich das verantwortungsvolle Verhalten der Tarif- und Betriebsparteien sowie unternehmensinterne Anpassungen der Arbeitszeit zusammen mit den Regelungen zur Kurzarbeit als arbeitsmarktpolitisch wirkungsvolle Instrumente erwiesen, um die deutsche Wirtschaft vor dramatischen Verwerfungen zu bewahren. Auf diese Erfahrungen konnte auch im Zuge der Entwicklungen um die rasante Ausbreitung des Coronavirus „SARS-CoV-2“ seit Beginn der ersten Hälfte des Jahres 2020 zurückgegriffen werden, wenngleich die Anzahl der von Kurzarbeit betroffenen Beschäftigten bis zu sechsmal höher war als während der „Finanzkrise“.[21]

---

18 BAG, Beschl. v. 28.07.1981 – 1 ABR 79/79 = NJW 1982, 959, 960; ausf. Bayreuther, NZA 2020, 1057, 1059, 1060; Dehmel/Hartmann BB 2020, 885, 889.

19 Vgl. dazu Göpfert/Brune, in: Dahl/Göpfert/Helm, Arbeitsrechtlicher Umgang mit Pandemien, 2020, S. 171 ff.

20 Vgl. Art. 1 des Gesetzes zur befristeten krisenbedingten Verbesserung der Regelungen für das Kurzarbeitergeld vom 13.03.2020 (BGBl. I, S. 493); Verordnung über die Bezugsdauer für das Kurzarbeitergeld (KugBeV) vom 16.04.2020 (BGBl. I, S. 801) i.d.F. der Ersten Verordnung zur Änderung der Kurzarbeitergeldverordnung vom 21.10.2020 (BGBl. I 2020, S. 2259); Verordnung über Erleichterungen der Kurzarbeit (KugV) vom 25.03.2020 (BGBl. I, S. 595); Zweite Verordnung über die Bezugsdauer für das Kurzarbeitergeld (2. KugBeV) vom 12.10.2020 (BGBl. I, S. 2165); Gesetz zur Beschäftigungssicherung infolge der COVID-19-Pandemie (BeschSiG) vom 03.12.2020 (BGBl. I, S. 2691).

21 Vgl. Bundesagentur für Arbeit; ifo Institut (2020), „Anzahl der Kurzarbeiter in Deutschland von 1991 bis 2019 (Jahresdurchschnittswerte) und in den Monaten von Januar bis Oktober 2020“, zitiert nach de.statista.com, abrufbar unter: https://de.statista.com/statistik/daten/studie/2603/umfrage/entwicklung-des-bestands-an-kurzarbeitern/#professional.

aa. Voraussetzungen für die Bewilligung und Gewährung von Kurzarbeitergeld

Ein Anspruch auf Kurzarbeitergeld setzt gemäß § 95 SGB III generell voraus, dass ein erheblicher Arbeitsausfall mit Entgeltausfall (§ 96 SGB III) vorliegt, die betrieblichen (§ 97 SGB III) sowie die persönlichen Voraussetzungen (§ 98 SGB III) erfüllt sind und der Arbeitsausfall der Agentur für Arbeit angezeigt worden ist. Von einem „erheblichen Arbeitsausfall mit Entgeltausfall" ist nach § 96 SGB III dann auszugehen, wenn er (kumulativ) auf wirtschaftlichen Gründen (Auftragsmangel, -stornierung etc.) oder einem unabwendbaren Ereignis (etwa behördlich veranlasste Maßnahmen, außergewöhnliche Witterungsverhältnisse, Unglücksfall, Epidemie[22]) beruht (§ 96 Abs. 1 S. 1 Nr. 1 SGB III), er vorübergehend (§ 96 Abs. 1 S. 1 Nr. 2 SGB III) und nicht vermeidbar ist (§ 96 Abs. 1 S. 1 Nr. 3 SGB III) und mindestens 1/3 (befristet bis Ende 2021: 10 %) der im Betrieb bzw. von einem Arbeitsausfall betroffenen Betriebsabteilung i.S.v. § 97 S. 2 SGB III beschäftigten Arbeitnehmer von einem Entgeltausfall von jeweils mehr als 10 % ihres monatlichen Bruttoentgelts betroffen sind (§ 96 Abs. 1 S. 1 Nr. 4 SGB III).

bb. Individual- und kollektivrechtliche Umsetzung

Ungeachtet dessen setzt die Einführung von Kurzarbeit eine rechtliche Grundlage voraus; der Arbeitgeber ist grundsätzlich nur dann zur einseitigen Einführung von Kurzarbeit berechtigt, wenn dies individualvertraglich, durch Betriebsvereinbarung oder tarifvertraglich zulässig ist;[23] die einseitige Anordnung im Wege des Direktionsrechts ist nicht zulässig, da es

22 Bieback, in: Gagel, SGB III, 79. EL (Stand: September 2020), § 96 Rn. 58; die Agentur für Arbeit geht derzeit offenbar (stillschweigend) davon aus, dass ein pandemiebedingter Arbeitsausfall infolge der weltweiten Verbreitung des Coronavirus „SARS-CoV-2" zum Bezug von Kurzarbeitergeld berechtigen kann, vgl. Merkblatt der Bundesagentur für Arbeit, abrufbar unter: https://www.arbeitsagentur.de/news/corona-virus-informationen-fuer-unternehmen-zum-kurzarbeitergeld („Kurzarbeitergeld (KUG) Corona-Virus: Informationen für Unternehmen").

23 BAG, Urt. v. 16.12.2008 – 9 AZR 164/08 = NZA 2009, 689, 691; Fuhlrott/Fischer, NZA 2020, 345, 346; Geulen/Vogt, ArbRAktuell 2020, 181, 182.

sich um eine nachträgliche Änderung der arbeitsvertraglichen Hauptleistungspflichten handeln würde.[24]

Da die Einführung von Kurzarbeit zur zeitlich begrenzten Absenkung von Personalkosten in Betrieben mit Betriebsrat – vorbehaltlich abweichender tariflicher Regelungen – der Mitbestimmung nach § 87 Abs. 1 Nr. 3 BetrVG unterliegt[25], sind in der Praxis überwiegend Betriebsvereinbarungen Grundlage für die Einführung von Kurzarbeit. Daher bedarf es der Verhandlung entsprechender Vereinbarungen mit dem zuständigen Betriebsratsgremium. Diese muss die sich im Zusammenhang mit der Einführung von Kurzarbeit ergebenden Rechte und Pflichten so deutlich regeln, dass diese für die Arbeitnehmer zuverlässig zu erkennen sind; zu regeln sind i.S.v. Mindestbedingungen Beginn und Dauer der Kurzarbeit, Lage und Verteilung der Arbeitszeit sowie der von der Kurzarbeit betroffene Arbeitnehmerkreis.[26] Um die notwendige Flexibilität nicht zu verlieren, bieten sich entweder die Vereinbarung von Kurzarbeit für kürzere Intervalle (regelmäßig sollte ein Zeitraum von drei Monaten nicht überschritten werden) oder von Rahmenregelungen, innerhalb derer der konkrete Umfang und die konkrete Lage der Arbeitszeit mit einer gewissen Vorlauffrist (regelmäßig vier Wochen) festgelegt werden. In beiden Fällen sollte – zumindest vorsorglich[27] – die Möglichkeit zur einseitigen vorzeitigen Beendigung der Kurzarbeit durch den Arbeitgeber vorgesehen werden.

In betriebsratslosen Betrieben bleibt dem Arbeitgeber bei fehlender vertraglicher Regelung hingegen nur die Möglichkeit, die Einführung von Kurzarbeit entweder mit jedem einzelnen betroffenen Arbeitnehmer individualvertraglich – mittels einzelfallbezogener Zusatzvereinbarung[28] oder einem Nachtrag zum Arbeitsvertrag – zu vereinbaren[29] oder erforderli-

---

24 BAG, Urt. v. 16.12.2008 – 9 AZR 164/08 = NZA 2009, 689, 691 m.w.N; Bauer/Günther, NZA 2020, 419; Fuhlrott/Fischer, NZA 2020, 345, 346; Geulen/Vogt, ArbRAktuell 2020, 181, 182.

25 Fuhlrott/Fischer, NZA 2020, 345, 346; Geulen/Vogt, ArbRAktuell 2020, 181, 182.

26 BAG, Urt. v. 18.11.2015 – 5 AZR 491/14 = NZA 2016, 565, 566.

27 Bei vorzeitiger Beendigung der Kurzarbeit infolge veränderter Auftragslage und Rückkehr zur betriebsüblichen Arbeitszeit lehnt das BAG ein Mitbestimmungsrecht des Betriebsrats ab, vgl. BAG, Urt. v. 21.11.1978 – 1 ABR 67/76 = AP BetrVG 1972 § 87 Arbeitszeit Nr. 2.

28 Vgl. LAG Düsseldorf, Urt. v. 14.10.1994 – 10 Sa 1194/94 = BeckRS 1994, 30978898, wonach auch eine konkludente Einführung von Kurzarbeit möglich sein soll.

29 Fuhlrott/Fischer, NZA 2020, 345, 346; Geulen/Vogt, ArbRAktuell 2020, 181, 182; SWK-ArbR/Grobys/Panzer-Heermeier/Walk, 3. Aufl., 14. Ed. 2020, Kurzarbeit, Rn. 5, 6.

chenfalls sogar im Wege der Änderungskündigung (§ 2 KSchG) einzuführen.[30] Erste Arbeitsgerichte haben sogar fristlose Änderungskündigungen zur Einführung von Kurzarbeit für zulässig erklärt, ohne darauf die in der höchstrichterlichen Rechtsprechung entwickelten Grundsätze zur reinen Entgeltreduzierung anwenden zu wollen.[31] Dies zeigt aber zugleich, dass sich die in den letzten Jahren zunehmend häufiger auf die Aufnahme sog. „Kurzarbeitsklauseln“ in Arbeitsverträgen verzichtende Kautelarpraxis wieder entsprechend anpassen muss.

cc. Kurzarbeit und Restrukturierung; insbesondere „Umschwenken“ zur Betriebs(teil)stilllegung

Da sich mit der Einführung von Kurzarbeit durch eine zeitlich begrenzte Absenkung von Personalkosten einerseits vorübergehende „unabwendbare Ereignisse“ überbrücken lassen, im Zuge der Wiederherstellung und nachhaltigen Sicherung der Wettbewerbsfähigkeit eines Unternehmens aber regelmäßig neben ad-hoc-Maßnahmen auch mittel- bzw. längerfristige Anpassungen und Änderungen des Geschäfts- und Personalmodells erforderlich werden können, stellt sich die Frage nach dem Verhältnis von Restrukturierung und Kurzarbeit.[32] Mit anhaltender Dauer der Krise stellt sich dabei in vielen Unternehmen derzeit die Frage, ob und unter welchen Voraussetzungen ein „Umschwenken“ von der temporären Kurzarbeit auf den erforderlich werdenden Ausspruch von betriebsbedingten Beendigungskündigungen bis hin zur Betriebs(teil)stilllegung möglich ist.

Entscheidend wird sein, ob der in den betroffenen Betrieben bzw. Betriebsabteilungen jeweils eingetretene Arbeitsausfall (noch) „vorübergehend“ (§ 96 Abs. 1 Nr. 2 SGB III) ist. Der Einführung von Kurzarbeit und der Bewilligung von Kurzarbeitergeld i.S.v. §§ 95 ff. SGB III liegt die Prognose eines auf *wirtschaftlichen Gründen* bzw. einem unabwendbaren Ereignis beruhenden nur *vorübergehenden* Arbeitsausfalls zugrunde, sodass mit einer gewissen Wahrscheinlichkeit in absehbarer Zeit wieder mit dem

---

30 BAG, Urt. v. 14.02.1991 – 2 AZR 415/90 = NZA 1991, 607 ff; ausf. Bauer/Günther, NZA 2020, 419 ff; Bauer/Günther, BB 2009, 662, 665 ff; krit. Geulen/Vogt, ArbRAktuell 2020, 181, 183; Cohnen/Röger, BB 2009, 246, 248; Kleinebrink, DB 2009, 342, 344; weniger krit. Fuhlrott/Fischer, NZA 2020, 345, 346; Röder/Nemetz, DB 2019, 2633; Müller/Deeg, ArbRAktuell 2010, 209.

31 ArbG Stuttgart, Urt. v. 22.10.2020 – 11 Ca 2950/20 = BeckRS 2020, 30043.

32 Vgl. zu den Folgen für bevorstehende und laufende Restrukturierungen: Göpfert/Brune (Fn. 19), S. 167 ff.; Seidler/Josephs, NZA 2020, 1227; dies., NZA 2021, 97.

Übergang zur Vollarbeit zu rechnen sein und diese vorübergehende Natur des Arbeitsausfalls grundsätzlich während der gesamten Bezugsdauer gegeben sein muss.[33] Dem Ausspruch von betriebsbedingten Beendigungskündigungen liegen demgegenüber inner-/außerbetriebliche *Ursachen* zugrunde, die eine Weiterbeschäftigung der jeweils betroffenen Arbeitnehmer im Betrieb bzw. einer Betriebsabteilung unmöglich machen und eine *dauerhafte* Reduzierung des erforderlichen Arbeitskräftebedarfs bedingen.

Obwohl der nach § 96 Abs. 1 S. 1 Nr. 2 SGB III für die Gewährung von Kurzarbeitergeld erforderliche lediglich „vorübergehende" Arbeitsausfall nach vorzugswürdiger Ansicht dahingehend zu verstehen sein wird, dass weder eine von Kurzarbeit betroffene Betriebsabteilung i.S.v. § 97 S. 2 SGB III[34] noch der konkrete Arbeitsplatzes in seiner bisherigen Form erhalten bleiben muss, sondern auf den Erhalt des Beschäftigungsverhältnisses – im Betrieb – als solchem abzustellen ist,[35] liegen die Voraussetzungen für die Bewilligung von Kurzarbeitergeld bezogen auf den einzelnen geförderten Arbeitnehmer schon anfänglich nicht vor, wenn bereits *im Zeitpunkt der Anzeige des Arbeitsausfalls feststeht*, dass entweder der konkret geförderte Arbeitsplatz abgebaut oder der konkret geförderte Arbeitnehmer entlassen werden wird.[36]

Wurde daher die unternehmerische Entscheidung zur Durchführung eines die Schwellenwerte nach § 17 KSchG übersteigenden Personalabbaus

---

33 BSG, Urt. v. 17.05.1983 – Rar 13/82 = SozR3–4100 § 63 Nr. 2; Bieback, in: Gagel, SGB III, 79. EL (Stand: September 2020), § 96 Rn. 73; BeckOK SozR/Bieback, 59. Ed. (Stand: 01.12.2020), SGB III § 96 Rn. 15; Brand/Kühl, SGB III, 8. Aufl. 2018, § 96 Rn. 3; Fachliche Weisungen der Bundesagentur für Arbeit zum Kurzarbeitergeld KUG i.d.F. vom 20.12.2018, Rn. 96.21.

34 So etwa BeckOK SozR/Bieback, 59. Ed. (Stand: 01.12.2020), SGB III § 96 Rn. 18, ders., in: Gagel, SGB III, 79. EL (Stand: September 2020), § 96 Rn. 95 unter Bezugnahme auf BSG, 17.05.1983 – Rar 13/82 = SozR3–4100 § 63 Nr. 2, wonach allein der Fortbestand der Arbeitsverhältnisse im Betrieb maßgeblich sein soll.

35 Bieback, in: Gagel, SGB III, 79. EL (Stand: September 2020), § 96 Rn. 92 ff.; ders. in BeckOK-SozR, 59. Ed. (Stand: 01.12.2020), SGB III § 96 Rn. 18; in diese Richtung auch BSG SozR 3-4100 § 63 Nr. 2, wonach es jedoch nicht ausreichend sein soll, dass Arbeitsplätze in einem anderen betrieb desselben Unternehmens erhalten werden.

36 Vgl. BeckOK SozR/Bieback, 59. Ed. (Stand: 01.12.2020), SGB III § 96 Rn. 19; Bieback, in: Gagel, SGB III, 79. EL (Stand: September 2020), § 96 Rn. 92; das BSG hat mit Urteil vom 25.04.1991 – 11 RAr 21/89 = NZA 1991, 952 bereits den Stilllegungsbeschluss ausreichen lassen; die Fachlichen Weisungen der Bundesagentur für Arbeit zum Kurzarbeitergeld KUG i.d.F. vom 20.12.2018, Rn. 96.22 nennen hingegen den Abschluss eines Interessenausgleichs.

oder zur Stilllegung eines Betriebs bzw. bestimmter Betriebsabteilungen getroffen oder ist diese mit hoher Wahrscheinlichkeit absehbar, kann – ab diesem Zeitpunkt – infolge eines dann feststehenden nicht mehr nur „vorübergehenden" Arbeitsausfall selbst bei vorübergehender Fortführung des Betriebs bis zur Schließung bzw. Weiterbeschäftigung der betroffenen Arbeitnehmer bis zur Beendigung ihres Arbeitsverhältnisses die Grundlage für die Gewährung von (allgemeinem) Kurzarbeitergeld entfallen. In Betracht kommen dann aber zeitlich nachgelagerte Transferlösungen unter Bezug von Transferkurzarbeitergeld (§§ 111 ff. SGB III). Zudem entfallen mit dem Ausspruch von betriebsbedingten Kündigungen bzw. dem Abschluss von Aufhebungsverträgen die persönlichen Voraussetzungen für den Bezug von Kurzarbeit (§ 98 Abs. 1 Nr. 2 SGB III) und ist die Entscheidung über die Gewährung von Kurzarbeitergeld von diesem Zeitpunkt an aufzuheben (§ 48 SGB X); dies gilt auch für den Fall der Einführung von Kurzarbeit im Zusammenhang mit der Erstattung einer Massenentlassungsanzeige nach der – praktisch ohnehin wenig bedeutsamen – Regelung des § 19 KSchG.

Umgekehrt gilt: Hat sich die Sachlage nach Einführung der Kurzarbeit nachträglich so geändert, dass für oder innerhalb einzelner Betriebsteile nunmehr eine „dauerhafte Ausfallprognose" besteht, während in anderen Betriebsteilen (weiterhin) eine „vorübergehende Ausfallprognose" (fort-)besteht, muss ein „Umschwenken" hin zum Ausspruch betriebsbedingter Beendigungskündigungen möglich sein, ohne dass der Arbeitgeber Gefahr läuft, bereits erhaltenes und ausbezahltes Kurzarbeitergeld rückerstatten zu müssen; insbesondere ist in der Rechtsprechung anerkannt, dass betriebsbedingte Kündigungen grundsätzlich auch in Betrieben zulässig bleiben, in denen Kurzarbeit angeordnet ist.[37] Im Hinblick auf die dem Arbeitgeber obliegende – infolge der durch die Einführung von Kurzarbeit insoweit gesteigerten – Darlegungs- und Beweislast dafür, dass der Beschäftigungsbedarf für den von der Kurzarbeit betroffenen Arbeitnehmer aufgrund später eingetretener weiterer Umstände oder veränderter wirtschaftlicher und/oder organisatorischer Rahmenbedingungen nunmehr auf Dauer entfällt, ist dringend anzuraten, die eine geänderte unternehmeri-

37 BAG, Urt. v. 17.10.1980 – 7 AZR 675/78 = NJW 1981, 1686, 1687; BAG, Urt. v. 26.06.1997 – 2 AZR 494/96 = NZA 1997, 1286, 1287; Schmädicke/Stark, ArbRAktuell 2020, 278 ff; Seidler/Josephs, NZA 2020, 1227 ff; ErfK/Oetker, 21. Aufl. 2021, Rn. § 1 KSchG 288; Bieback, in: Gagel, SGB III, 79. EL (Stand: September 2020), § 95 Rn. 186; APS/Kiel, 6. Aufl. 2021, § 1 KSchG Rn. 538.

sche Entscheidung und den Wegfall des Beschäftigungsbedarfs bedingenden Ursachen und Entwicklungen präzise zu dokumentieren.[38]

Zugleich kann aber nicht oft genug betont werden, dass sich die Beratung der Betriebsparteien im Zusammenhang mit Kurzarbeit aber keinesfalls auf die bloße Festlegung darüber beschränken müssen, *ob* überhaupt, für welchen Zeitraum und in welchen Betrieben des Unternehmens Kurzarbeit eingeführt bzw. aufrechterhalten wird. So ist einer Vielzahl von Unternehmen etwa überhaupt nicht oder nicht hinreichend genug bekannt, dass beispielsweise auch die Instrumente „Kurzarbeit" und „Qualifikation" gerade in Krisenzeiten durchaus geschickt miteinander kombiniert werden können. Denn zusätzlich zu den bislang nach dem Qualifizierungschancengesetz selbst in kritischen Fällen außerhalb konkreter Maßnahmen nur begrenzt verfügbaren Fördermöglichkeiten[39] stehen Arbeitgebern u.a. nach dem sog. „Arbeit-von-morgen-Gesetz"[40] weitere „Fördertöpfe" für die Qualifizierung von Mitarbeitern zur Verfügung, die dem Grunde nach sogar eine „Qualifizierungskurzarbeit" ermöglichen.

So hebt etwa der Gesetzentwurf zum sog. *„Arbeit von Morgen Gesetz"*[41] hervor, dass durch Transformation und konjunkturelle Risiken in den nächsten Jahren zu erwartende Arbeitsausfälle von Unternehmen *„insbesondere bei längerer Kurzarbeit verstärkt für die Weiterbildung ihrer Beschäftigten"* genutzt werden sollten. Da der nach § 96 Abs. 1 S. 1 Nr. 2 SGB III erforderliche lediglich „vorübergehende" Arbeitsausfall – wie gezeigt – dahingehend zu verstehen sein wird, dass nicht auf den Erhalt des konkreten Arbeitsplatzes in seiner bisherigen Form, sondern auf den Erhalt des Beschäftigungsverhältnisses im Betrieb als solchem abzustellen ist, und auch die Bundesagentur für Arbeit betont, dass die Teilnahme von Kurzarbeitern an Qualifizierungsmaßnahmen der Gewährung von Kurzarbeitergeld nicht entgegensteht[42], können etwa mit einer „zwischengeschalteten" Kurzarbeit nicht nur vorübergehend Personalkosten gesenkt, sondern zugleich Qualifizierungsmaßnahmen eingesteuert werden.

---

38 BAG, Urt. v. 26.06.1997 – 2 AZR 494/96 = NZA 1997, 1286, 1287; Seidler/Josephs, NZA 2020, 1227, 1228; Schmädicke/Stark, ArbRAktuell 2020, 278, 279.

39 § 82 Abs. 3 SGB III, dazu Göpfert/Wenzler, NZA 2020, 15, 18.

40 Gesetz zur Förderung der beruflichen Weiterbildung im Strukturwandel und zur Weiterentwicklung der Ausbildungsförderung vom 20.05.2020 (BGBl. I, S. 1044).

41 Gesetzentwurf der Bundesregierung über ein Gesetz zur Förderung der beruflichen Weiterbildung im Strukturwandel und zur Weiterentwicklung der Ausbildungsförderung vom 20.03.2020 (BT-Drucks. 19/18076, S. 2) resp. der Fraktionen der CDU/CSU und SPD vom 10.03.2020 (BT-Drucks. 19/17740, S. 22, 24).

42 Fachliche Weisungen der Bundesagentur für Arbeit zum Kurzarbeitergeld KUG i.d.F. vom 20.12.2018, Rn. 96.73.

Der Gesetzgeber wird jedoch ebenso ernsthaft überlegen müssen, statt der Fortschreibung der allgemeinen Kurzarbeit auch Transfergesellschaften für eine längere Dauer als 12 Monate zu fördern, wie es in der „Finanzkrise“ bereits der Fall war, um dennoch erforderlich werdende Abbauten unter Berücksichtigung der auch noch im Jahr 2021 weiterhin zu erwartenden schwierigen Lage auf dem Arbeitsmarkt sozialverträglich zu bewältigen[43] und Arbeitnehmer für den künftigen Arbeitsmarkt fit zu machen.

b. Exkurs: Arbeitszeit und Arbeitszeiterfassung

Im Zusammenhang mit der Flexibilisierung der Arbeitszeit gilt es auch in Krisenzeiten die jüngeren Entwicklungen zur Arbeitszeiterfassung im Blick zu behalten. Zwar hat der EuGH in seiner Grundsatzentscheidung im Jahr 2019[44] unter Hinweis auf eine im Lichte von Art. 31 Abs. 2 GRCh vorzunehmende Auslegung von Art. 3, 5 und 6 der Arbeitszeit-Richtlinie (2003/88/EG) zunächst (noch) eine Verpflichtung allein der Mitgliedstaten angenommen, Arbeitgeber zur Aufzeichnung sämtlicher Arbeitszeiten ihrer Beschäftigten und Einführung eines objektiven, verlässlichen und zugänglichen Systems zu verpflichten, und wird die Entscheidung in Praxis und Literatur – bestätigt durch zwei in Auftrag gegebene Gutachten des BMWi- und BMAS[45] – bis dato zurecht überwiegend als Handlungsverpflichtung für den Gesetzgeber verstanden. Nachdem das Bundesarbeitsministerium in der Folge aber bereits einen entsprechenden Gesetzesentwurf zur Umsetzung der vom EuGH formulierten Vorgaben angekündigt und das Arbeitsgericht Emden[46] – den Gesetzgeber überholend – vor kurzem (wiederholt) als – soweit ersichtlich – erstes deutsches Arbeitsgericht sogar eine über § 16 Abs. 2 S. 1 ArbZG hinausgehende unmittelbare und branchenübergreifende Verpflichtung zur Dokumentation der gesamten täglich geleisteten Arbeitszeit angenommen hat, werden auch Fragen der „Arbeitszeiterfassung“ zunehmend an Bedeutung gewinnen. Dies gilt jedoch nicht erst in der „Zeit nach der Krise“.

Arbeitgeber sind durch die verstärkte Tätigkeit ganzer Abteilungen im Home-Office bzw. Mobile Office schon jetzt im Hinblick auf Vergütungs-

---

43 Göpfert, „COVID-Impact als Begründung für anstehende Personalmaßnahmen“, Handelsblatt-Journal September 2020, S. 12.

44 EuGH, Urt. v. 14.05.2019 – C-55/18 (Rs. „CCOO“) = NZA 2019, 683 ff.

45 Dazu Bayreuther NZA 2020, 1.

46 ArbG Emden, Urt. v. 20.02.2020 – 2 Ca 94/19 = BeckRS 2020, 5213; ArbG Emden, Urt. v. 24.09.2020 – 2 Ca 144/20; dagegen etwa: Brune, SPA 2020, 89 ff.

ansprüche und die in der jüngeren höchstrichterlichen Rechtsprechung zur Darlegungs- und Beweislast im Überstundenprozess ergangenen Entscheidungen[47] gut beraten, die Arbeitszeiten ihrer Mitarbeiter belastbar zu erfassen. Dies gilt umso mehr für in Kurzarbeit tätige Arbeitnehmer, da bislang überhaupt nicht oder nur vereinzelt bekannt ist, dass Arbeitgeber der Agentur für Arbeit im Rahmen der sog. „Abschlussprüfung" auf Anfrage auch Unterlagen und Aufzeichnungen über die Arbeitszeit vorzulegen haben, um den tatsächlichen Arbeitsausfall als zwingende Voraussetzung für die Gewährung von Kurzarbeitergeld nachweisen zu können.

II. Abweichen von klassischen Arbeitsorten

Dass Arbeitnehmer ihre Arbeitsleistung zunehmend mittels dezentraler Informations- und Kommunikationstechnologie unabhängig von einem festen Arbeitsplatz im Betrieb und ohne starre räumliche bzw. zeitliche Grenzen erbringen, ist kein neues Phänomen. Die damit verbundenen Arbeitsformen sind Ausprägung der beständig zunehmenden Digitalisierung des industriellen wie auch privaten Sektors. „Klassische" Arbeitsmodelle, wie Innen- und Außendienst oder die Bindung an feste Arbeitsplätze auf dem Betriebsgelände, werden zunehmend durch neue, flexiblere Arbeitsmodelle abgelöst. Die Entwicklungen um die Ausbreitung des Coronavirus „SARS-CoV-2" in der ersten Hälfte des Jahres 2020 haben jedoch gezeigt, welches Potential (Einsparung von Büroflächen, Reduzierung der Kosten für betriebliche Arbeitsplätze, Einführung bzw. Optimierung von Arbeitszeitmodellen)[48] vor allem Homeoffice und mobile Arbeit auch abseits gesundheits- und arbeitsschutzrechtlicher Erwägungen bieten können, wenn im Unternehmen die hierzu notwendigen Rahmenbedingungen und Rechtsgrundlagen geschaffen werden.[49]

---

47 Vgl. BAG, Urt. v. 26.06.2019 – 5 AZR 452/18 = NZA 2019, 1361, 1365, wonach die Verwendung von arbeitgeberseitig zur Verfügung gestellten (elektronischen) Zeiterfassungsbögen Auswirkungen auf die Darlegungs- und Beweislast haben kann – die dann auch bei der Geltendmachung von Vergütungsansprüchen für in der Normalarbeitszeit geleistete tatsächlich Arbeit gelten muss.

48 Vgl. Müller, Homeoffice in der arbeitsrechtlichen Praxis, 2. Auflage 2020, § 1 Rn. 6.

49 Vgl. bspw. "Harvey Nash / KPMG CIO Survey 2020: Everything changed. Or did it?", wonach 43 % der befragten CIO davon ausgeht, dass mehr als die Hälfte der Mitarbeiter auch nach der Pandemie weiter von zu Hause aus arbeiten wird; abrufbar unter https://home.kpmg/xx/en/home/insights/2020/09/harvey-nash-kpmg-cio-survey-2020-everything-changed-or-did-it.html.

Die Einführung oder Ausweitung gerade von Homeoffice und/oder mobilem Arbeiten wird derzeit in einer Vielzahl an Unternehmen sehr real diskutiert. Die in der Krise – und ebenso für die Zeit danach – bestehende Herausforderung liegt vor allem darin, für alle Stakeholder möglichst schnell „klare Verhältnisse“ herzustellen, um insbesondere im Hinblick auf die Kostenlast des Arbeitgebers Planungssicherheit zu gewinnen.

1. Desk-Sharing und Open Space

(Arbeits-)Organisationsformen, bei denen sich Arbeitnehmer innerhalb einer Organisationseinheit des Arbeitgebers eine festgelegte (geringere) Anzahl von Arbeitsplätzen teilen, werden als „*Desk-Sharing*“ bezeichnet.[50] Sie werden regelmäßig mit „*Open Space*“ (sog. Offene Bürowelten) verbunden, sodass sich etwa mit Laptops, Mobiltelefon und Rollcontainer ausgestattete Arbeitnehmer „ihren“ Arbeitsplatz innerhalb eines entsprechend technisch ausgestatteten und meist in unterschiedliche Zonen unterteilten Büros (Quiet-Rooms, Einzelbüros, Besprechungsräume, Großraumflächen, Pausenzone, Gäste-/Kundenzone etc.) täglich selbst wählen können.[51] Durch die Auflösung zuvor fester – aber nicht täglich genutzter – Arbeitsplätze können vor allem Büroflächen und Nebenkosten wie Reinigung und Heizung eingespart werden.[52]

Arbeitsrechtlich stellt sich in diesem Zusammenhang die Frage, ob solche Konzepte – erforderlichenfalls auch ohne Zustimmung des Arbeitnehmers – durchsetzbar sind. Soweit keine arbeitsvertraglichen Regelungen zur konkreten Lages des Arbeitsplatzes im Betrieb bestehen, wird die Einführung von Open Space- und Desk-Sharing-Konzepten individualrechtlich als grundsätzlich vom Weisungs- bzw. Direktionsrecht des Arbeitgebers (§ 611a Abs. 1 S. 2 BGB, § 106 S. 1 GewO) gedeckt und damit möglich

---

50 Teilweise auch „Shared Space“, „Hot Desking” oder “Flexible Office” genannt, vgl. zum Begriff Günther/Böglmüller, NZA 2019, 273, 277 f; Oltmanns/Fuhlrott, NZA 2018, 1225; Stück, ArbRAktuell 2018, 409; Günther/Böglmüller, NZA 2017, 546, 551; Steffan, NZA 2015, 1409, 1415; Arnold/Günther ArbR 4.0-HdB/Arnold/Winzer, 2018, Kap. 3 Rn. 81.

51 Stück, ArbRAktuell 2018, 409; Arnold/Günther ArbR 4.0-HdB/Arnold/Winzer, 2018, Kap. 3 Rn. 81.

52 Oltmanns/Fuhlrott, NZA 2018, 1225, 1226; Günther/Böglmüller, NZA 2017, 546, 551; Stück, ArbRAktuell 2018, 409; Arnold/Günther ArbR 4.0-HdB/Arnold/Winzer, 2018, Kap. 3 Rn. 81.

angesehen.[53] Ein Anspruch des Arbeitnehmers, einen bestimmten (eigenen) fest eingerichteten Arbeitsplatz zu erhalten, besteht grundsätzlich nicht; dem Arbeitgeber steht es im Rahmen der nach Art. 2 Abs. 1, Art. 12, 14 GG geschützten unternehmerischen Freiheit grundsätzlich frei, Büroräume so einzurichten und zu strukturieren, wie er aus seiner Sicht arbeitstechnische Zwecke effektiv verfolgen kann.[54] In Betrieben für die ein Betriebsrat besteht, sollte dieser gerade in Zeiten der Krise möglichst frühzeitig miteingebunden werden,[55] da insbesondere die Einführung von „Desk-Sharing“ Beteiligungsrechte nach §§ 87 Abs. 1 Nr. 1, Nr. 6, 111 S. 3 Nr. 4, 5 und 112 BetrVG auslösen kann.[56]

Die wirklich nachhaltigen Effekte von Desk-Sharing und Open Space lassen sich in der Praxis jedoch vor allem dadurch erzielen, dass beide modernen (Arbeits-)Organisationsformen Teil eines „Flexibilisierungs-Paktes“ sind und mit der Einführung bzw. Ausweitung von *„Homeoffice“* und *„mobiler Arbeit“* kombiniert werden.

2. *Homeoffice und mobiles Arbeiten*

a. Begriff und Definition

Aus Sicht der arbeitsrechtlichen Restrukturierungs- und Transformationspraxis ist es dabei umso misslicher, dass bislang weder der Begriff „Homeoffice“ noch „mobile Arbeit“ gesetzlich definiert wurde und die Terminologie im Zusammenhang mit Arbeit außerhalb der betrieblichen Arbeitsstätte uneinheitlich bleibt.[57] Die damit verbundenen Arbeitsformen prä-

---

53 Günther/Böglmüller, NZA 2019, 273, 279; Oltmanns/Fuhlrott, NZA 2018, 1225, 1226 (auch zu möglichen Ausnahmen); Günther/Böglmüller, NZA 2017, 546, 551; Arnold/Günther ArbR 4.0-HdB/Arnold/Winzer, 2018, Kap. 3 Rn. 81.

54 Günther/Böglmüller, NZA 2019, 273, 279; Oltmanns/Fuhlrott, NZA 2018, 1225, 1226; Günther/Böglmüller, NZA 2017, 546, 551; Arnold/Günther ArbR 4.0-HdB/Arnold/Winzer, 2018, Kap. 3 Rn. 81.

55 Ebenso Günther/Böglmüller, NZA 2017, 546, 552; Arnold/Günther ArbR 4.0-HdB/Arnold/Winzer, 2018, Kap. 3 Rn. 82.

56 ArbG Frankfurt a.M., Beschl. v. 08.01.2003 – 2 BVGa 587/02 = BeckRS 2013, 65526 unter II. der Gründe; ausf. dazu Oltmanns/Fuhlrott, NZA 2018, 1225, 1227 ff; Stück, ArbRAktuell 2018, 409, 410 ff.

57 Krieger/Rudnik/Povedano Peramato, NZA 2020, 473; Müller (Fn. 48), § 1 Rn. 1; Arnold/Günther ArbR 4.0-HdB/Günther/Böglmüller, 2018, Kap. 4 Rn. 82.

gen derzeit vielmehr den Begriff *„Telearbeit“*[58] (vgl. § 2 Abs. 7 ArbStättV, § 5 Abs. 1 S. 1 BetrVG). Obwohl auch dieser Begriff in Literatur und Praxis keine einheitliche Verwendung findet und sich mit ihn die Realität oft nur unscharf abbilden lässt, wird eine Abgrenzung überwiegend nach Umfang und konkretem Arbeitsort vorgenommen.[59] Arbeitsleistung, die der Arbeitnehmer ausschließlich oder überwiegend von seinem Wohnsitz aus erbringt, wird als „Teleheimarbeit“, „häusliche Telearbeit“ bzw. „Homeoffice“ bezeichnet. Das weitgehend ortsungebundene Arbeiten von einer Vielzahl denkbarer Arbeitsplätze (z.B. in der Bahn, im Café, im Park), bei dem der Arbeitnehmer weitgehend autonom entscheidet, wo er seine Arbeitsleistung erbringt, wird als *„mobile Arbeit“* bzw. *„Mobile Office“* bezeichnet.[60]

Eine bislang wenig beachtete – und für die Dauer der aktuellen epidemischen Lage i.S.v. § 5 IfSG zeitlich begrenzte – untergesetzliche Begriffsbestimmung findet sich lediglich für den Bereich des Arbeitsschutzrechts in Ziffer 2.2 Abs. 1, Abs. 2 SARS-CoV-2-Arbeitsschutzregel (CoVArbSchR).[61] Danach wird „mobiles Arbeiten“ definiert als eine Arbeitsform, die nicht in einer Arbeitsstätte i.S.v. § 2 Abs. 1 ArbStättV oder an einem fest eingerichteten Telearbeitsplatz i.S.v. § 2 Abs. 7 ArbStättV im Privatbereich des Arbeitnehmers ausgeübt wird, sondern bei dem Arbeitnehmer unter Einsatz (nicht-)elektronischer Arbeitsmittel an beliebigen anderen Orten tätig werden. Nachdem Arbeitsstätten i.S.d. ArbStättV grds. nur Orte auf dem Gelände des Betriebs erfassen[62] und Telearbeitsplätze i.S.v. § 2 Abs. 7 ArbStättV nach der Konzeption der Verordnung dem Anwendungsbereich über § 1 Abs. 3 ArbStättV nur begrenzt unterfallen,[63] führt die CoVArbSchR mit Ausnahme des Tätigkeitsumfangs – die Einschränkung des

58 Vgl. zum Begriff etwa Fitting, BetrVG, 30. Aufl. 2020, § 5 Rn. 193 ff; Boemke, BB 2000, 147; Wiese, RdA 2009, 344; Kamann, ArbRAktuell 2016, 75; Krieger/Rudnik/Povedano Peramato, NZA 2020, 473; Müller (Fn. 48), § 1 Rn. 1 f.

59 Vgl. Krieger/Rudnik/Povedano Peramato, NZA 2020, 473; SWK-ArbR/Grobys/Panzer-Heermeier/Walk, 3. Aufl., 14. Ed. 2020, Telearbeit, Rn. 1.

60 Krieger/Rudnik/Povedano Peramato, NZA 2020, 473, 474; Oberthür, NZA 2013, 246; Wiese RdA 2009, 344; Boemke BB 2000, 147; Müller (Fn. 48), § 1 Rn. 2; SWK-ArbR/Grobys/Panzer-Heermeier/Walk, 3. Aufl., 14. Ed. 2020, Telearbeit, Rn. 1.

61 SARS-CoV-2-Arbeitsschutzregel i.d.F. vom 10.08.2020, GMBl 2020 S. 484–495 (Nr. 24/2020 v. 20.08.2020).

62 BeckOK ArbSchR/Teuscher, 4. Ed. (Stand: 01.01.2021), § 2 ArbStättV Rn. 8, 9; Kollmer ArbStättV/Wiebauer, 4. Aufl. 2019, § 2 Rn. 10.

63 Kohte/Faber/Feldhoff, Gesamtes Arbeitsschutzrecht, 2. Auf. 2018, ArbStättV Rn. 35.

„gelegentlichen Arbeitens“ findet sich unter Ziffer 2.2 Abs. 1, Abs. 2 CoVArbSchR nicht – faktisch zu keinem weiteren Begriffsverständnis.

Vom mobilen Arbeiten abzugrenzen ist das „Homeoffice“. Hierunter wird nach Ziffer 2.2 Abs. 3 S. 1 und 2 CoVArbSchR (temporär) eine Form des mobilen Arbeitens verstanden, die es Beschäftigten ermöglicht, nach vorheriger Abstimmung mit dem Arbeitgeber zeitweilig im Privatbereich, zum Beispiel unter Nutzung tragbarer IT-Systeme (zum Beispiel Notebooks) oder Datenträger, für den Arbeitgeber tätig zu sein. In der Zusammenschau mit Ziffer 2.2 Abs. 1 CoVArbSchR wird das Homeoffice vor allem dadurch geprägt, dass die Tätigkeit – wie beim mobilen Arbeiten – grds. außerhalb des Geländes des Betriebs, jedoch nicht ortsungebunden, sondern unterhalb der Schwelle des dauerhaft eingerichteten und eine Vereinbarung zwischen Arbeitnehmer und Arbeitgeber voraussetzenden Telearbeitsplatzes i.S.v. § 2 Abs. 7 ArbStättV temporär und nach vorheriger Abstimmung mit dem Arbeitgeber im Privatbereich stattfindet.

Nachdem aber die Regelungen zur „Telearbeit“ nach Ziffer 2.2 Abs. 4 CoVArbSchR unberührt bleiben, lassen auch die Definitionen der CoVArbSchR nur äußerst begrenzte Rückschlüsse insbesondere auf die außerhalb einer zeitlich begrenzten pandemischen Lage geltenden arbeitsschutzrechtlichen Bestimmungen zu. Da sich der Erkenntnisgewinn im Wesentlichen auf die bereits bekannte Aussage reduzieren lässt, dass die überwiegende Mehrzahl der Formen häuslicher bzw. mobiler Arbeit (auch) arbeitsstättenrechtlich ungeregelt bleiben,[64] wäre eine Klarstellung des Gesetzgebers insbesondere im Zusammenhang mit dem geplanten gesetzlichen Anspruch auf Arbeit an einem außerbetrieblichen Arbeitsplatz weiter wünschenswert.

b. Einführung durch den Arbeitgeber

Um Homeoffice und mobile Arbeit als dem Arbeitgeber zur Verfügung stehende Instrumente in der Krise sinnvoll und zielgenau einsetzen zu können, ist es einerseits unumgänglich, Zwischenergebnisse verlässlich festzuhalten, sie dabei aber im Hinblick auf sich stetig ändernde Rahmenbedingungen mit der notwendigen Flexibilität und Planungsoffenheit aus-

64 Hildalgo, NZA 2019, 1449; Kohte/Faber/Feldhoff, Gesamtes Arbeitsschutzrecht, 2. Aufl. 2018, ArbStättV Rn. 146.

zustatten. Die Flexibilisierung von Arbeitszeit und Arbeitsort wird auch in der „Zeit nach der Krise" große Bedeutung haben.[65]

Soweit insbesondere die Einführung von Homeoffice (zunächst) nur temporär eingesetzt werden soll, stellte sich in zahlreichen Unternehmen in der ersten Hälfte des Jahres 2020 die Frage, ob neben einzelnen Arbeitnehmern auch ganze Abteilungen oder sogar gesamte Belegschaften im Extremfall auch einseitig verpflichtet werden können, vorübergehend aus dem Homeoffice zu arbeiten. Individualrechtlich hat der Arbeitgeber nach § 106 S. 1 GewO bzw. § 611a Abs. 1 S. 2 BGB die Möglichkeit, den Ort der Arbeitsleistung innerhalb des durch Arbeitsvertrag, einschlägige Betriebsvereinbarungen bzw. Tarifverträge, Gesetz gesteckten Rahmens festzulegen.[66] Eine Tätigkeit im Homeoffice ist jedenfalls dann möglich, wenn sie einzelvertraglich und/oder in einer Betriebsvereinbarung geregelt ist. In Rechtsprechung und Literatur ist unter Hinweis auf arbeitsvertragliche Rücksichtnahmepflichten des Arbeitnehmers (§ 241 Abs. 2 BGB) und den Grundsatz von Treu und Glauben (§ 242 BGB) zudem anerkannt, dass Arbeitgebern bei unvorhersehbaren Ereignissen (z. B. Naturkatastrophen) sowie in Ausnahme- und Notsituationen u.a. bezogen auf den Ort der Arbeitsleistung nach § 106 S. 1 GewO resp. § 611a Abs. 1 S. 2 BGB selbst bei anderslautender Festlegung ein erweitertes Weisungs- bzw. Direktionsrecht zustehen kann.[67]

Die derzeit mit guten Argumenten vertretbare Ansicht, dass zumindest während einer Pandemie eine anlassbedingte und vorübergehende Tätigkeit im Homeoffice oder Mobile Office vom Weisungsrecht nach § 106 S. 1 GewO gedeckt sein kann,[68] wird jedoch weniger durch ökonomische Erwägungen, sondern maßgeblich durch arbeits- und gesundheitsschutzrechtliche Aspekte geprägt, insbesondere die den Arbeitgeber treffende

---

65 Ebenso Kania, NZA 2020, 846.

66 BAG, Urt. v. 28.08.2013, 10 AZR 569/12 = NZA-RR 2014, 181, 182; BAG, Urt. v. 17.08.2011 – 10 AZR 202/10 = NZA 2012, 265, 266 Rn. 19, wonach eine Konkretisierung des Arbeitsortes nicht durch bloßen Zeitablauf und Nichtausübung des Direktionsrechts auch über einen längeren Zeitraum (14 Jahre) erfolgt.

67 BeckOK ArbR/Tillmanns, 58. Ed. (Stand: 01.12.2020), GewO § 106 Rn. 20; BeckOK ArbR/Joussen, 58. Ed. (Stand: 01.12.2020), BGB § 611a Rn. 366; Krieger/Rudnik/Povedano Peramato, NZA 2020, 473, 476; enger: Fuhlrott/Fischer, NZA 2020, 345, 349 (Existenzgefährdung); Bauer/Opolony, NJW 2002, 3503, 3506; Müller (Fn. 48), § 1 Rn. 658 (Anwendung existenzbedrohender Schäden); a.A. Benkert, NJW-Spezial 2019, 306; Richter, ArbRAktuell 2019, 142, 143.

68 So etwa Krieger/Rudnik/Povedano Peramato, NZA 2020, 473, 476; Fuhlrott/Fischer, NZA 2020, 345, 349; Günther/Böglmüller, ArbRAktuell 2020, 186, 187; Müller (Fn. 48), § 1 Rn. 117.

Fürsorge- und Schutzpflicht zur Erhaltung der Gesundheit (§§ 241 Abs. 2, 618 Abs. 1 BGB i.V.m. §§ 3 ff. ArbSchG) und die Beschäftigten nach § 15 Abs. 1 S. 1 und S. 2 ArbSchG auferlegten Schutzpflichten. Sie erscheint daher nur begrenzt verallgemeinerungsfähig. Zudem werden entsprechende Maßnahmen im Hinblick auf die Mitbestimmungsrechte nach § 99 Abs. 1 S. 1 i. V. m. § 95 Abs. 3 S. 1 BetrVG regelmäßig „unter Druck“ geraten, soweit sie die Dauer von einem Monat voraussichtlich überschreiten.[69] Diese wird jedenfalls zur Erzielung von Einsparungseffekten aber regelmäßig benötigt werden.

Obwohl diskutiert wird, ob die Festlegung des Ortes der Erbringung der Arbeitsleistung außerhalb der Grenzen nach § 111 S. 3 Nr. 4, 5 BetrVG für sich allein dem mitbestimmungsfreien Arbeitsverhalten nach § 87 Abs. 1 Nr. 1 BetrVG unterfällt und insoweit nicht mitbestimmungspflichtig ist,[70] werden bei der Durchführung von Homeoffice und mobiler Arbeit zumindest für Teilaspekte regelmäßig die Mitbestimmungsrechte vor allem nach § 87 Abs. 1 Nr. 2, Nr. 3, Nr. 6 und Nr. 7 BetrVG zu beachten sein.[71] In Betrieben für die ein Betriebsrat besteht, sollte dieser gerade in Zeiten der Krise aber schon bereits deshalb miteingebunden werden, da sich durch den Abschluss einer Betriebsvereinbarung Homeoffice bzw. Mobiles Arbeiten nicht nur vor allem im Hinblick auf die Kostenlast des Arbeitgebers Planungssicherheit gewinnen und dabei unter Hinweis auf die seit dem Jahr 2013 erheblich ausgedehnte Rechtsprechung des Bundesarbeitsgerichts zur Betriebsvereinbarungsoffenheit auch die überwiegende Mehrzahl entgegenstehender individualarbeitsvertraglicher Regelungen „ablö-

69 Krieger/Rudnik/Povedano Peramato, NZA 2020, 473, 477; Schulze/Ratzesberger, ArbRAktuell 2016, 109, 112; Keilich/Brummer, SPA 2020, 126, 127; Müller (Fn. 48), § 5 Rn. 580; vgl. zur zeitlich unbefristeten Zuweisung von Telearbeit LAG Berlin-Brandenburg, Urt. v. 14.11.2018 – 17 Sa 562/18 = BeckRS 2018, 34001 Rn. 21; zur Beendigung alternierender Telearbeit: LAG Düsseldorf, Urt. v. 10.09.2014 – 12 Sa 505/14 = BeckRS 2014, 73155; a.A. VG Gelsenkirchen, Beschl. v. 02.12.2016 – 12 L 2395/16 = BeckRS 2016, 55396; vgl. zum mobilen Arbeiten etwa Bayer, ArbRAktuell 2020, 433, 434.

70 So etwa Hess. LAG, Beschl. v. 18.06.2020 – 5 TaBVGa 74/20 („mobiles Arbeiten“); Kania, NZA 2020, 846; Schöllmann, NZA-Beil. 2019, 81, 84; Müller (Fn. 48), § 5 Rn. 588, 589; a.A. wohl Krieger/Rudnik/Povedano Peramato, NZA 2020, 473, 476.

71 Fitting, BetrVG, 30. Aufl. 2020, § 5 Rn. 2018; Krieger/Rudnik/Povedano Peramato, NZA 2020, 473, 476; Kania, NZA 2020, 846; Bayer, ArbRAktuell 2020, 433, 434; Schöllmann, NZA-Beil. 2019, 81, 84; Schulze/Ratzesberger, ArbRAktuell 2016, 109, 111 f.; einschränkend Hess. LAG, Beschl. v. 18.06.2020 – 5 TaBVGa 74/20.

sen" lässt,[72] sondern weil im Rahmen eines „Gesamtpakets" regelmäßig weitere Maßnahmen erforderlich sind, zu deren Umsetzung der Arbeitgeber den Betriebsrat an anderer Stelle ohnehin – etwa bei der Einführung von Kurzarbeit für Arbeitnehmer mit nicht im „Homeoffice" erbringbaren Tätigkeiten – schlicht braucht.

c. Anspruch des Arbeitnehmers auf Homeoffice

Parallel stellt sich in einer Vielzahl von Unternehmern die spiegelbildliche Frage, ob und unter welchen Voraussetzungen der Arbeitgeber auch zur Einführung von Homeoffice bzw. mobilem Arbeiten verpflichtet werden kann. Dabei ist zunächst zu konstatieren, dass die nach Art. 2 Abs. 1, Art. 12, 14 GG geschützte unternehmerische Freiheit mit der Festlegung, an welchem (Stand-)Ort welche arbeitstechnischen Ziele verfolgt werden, grundsätzlich auch die Frage betrifft, ob und inwieweit die Arbeit in Form von Homeoffice geleistet wird.[73]

Anders als in anderen Mitgliedstatten der Europäischen Union (etwa Niederlande, Litauen) ist dem deutschen Arbeitsrecht ein allgemeiner gesetzlicher Anspruch auf Homeoffice bzw. mobiles Arbeiten (noch) fremd.[74] Solche Ansprüche wurden bislang vor allem unter Hinweis auf Rücksichtnahmepflichten des Arbeitsgebers aus § 241 Abs. 2 BGB zur entsprechenden Ausübung seines Direktionsrechts nach § 106 S. 1 GewO und somit einzelfallbezogen diskutiert.[75]

In der gegenwärtigen Krisenlage um die Ausbreitung des Coronavirus „SARS-CoV-2" und den damit einhergehenden (temporären) Beschränkungen des öffentlichen Lebens können Arbeitgeber daher im begründe-

---

72 BAG, Urt. v. 05.03.2013, 1 AZR 417/12 = NZA 2013, 916 Rn. 60; BAG, Urt. v. 21.08.2013, 5 AZR 581/11 = NZA 2014, 271 Rn. 47; Krieger/Rudnik/Povedano Peramato, NZA 2020, 473, 477; Kania, NZA 2020, 846, 847; Hromadka, NZA 2013, 1061; Bayer, ArbRAktuell 2020, 433, 435.

73 Hess. LAG, Urt. v. 10.06.2015 – 6 Sa 451/14 = BeckRS 2016, 66605; LAG Rheinland-Pfalz, Urt. v. 18.12.2014 – 5 Sa 378/14 = BeckRS 2015, 66249; LAG München, Urt. v. 29.07.2009 – 11 Sa 230/09 = BeckRS 2009, 72351; Müller (Fn. 48), § 4 Rn. 472.

74 Günther/Böglmüller, ArbRAktuell 2020, 186, 187; Bayer, ArbRAktuell 2020, 433, 434; Krieger/Rudnik/Povedano Peramato, NZA 2020, 473, 478; Müller (Fn. 48), § 2 Rn. 55; Wissenschaftliche Dienste Deutscher Bundestag, Alternierende Telearbeit, Az.: WD 6–3000–112/16, S. 5 ff.

75 Vgl. LAG Köln, Urt. v. 24.05.2016 – 12 Sa 677/13 = BeckRS 2016, 69901; LAG Rheinland-Pfalz, Urt. v. 18.12.2014 – 5 Sa 378/14 = BeckRS 2015, 66249.

ten Einzelfall zur Zuweisung einer dem Arbeitnehmer möglichen Tätigkeit im Homeoffice etwa dann verpflichtet sein, wenn Schulen bzw. Kitas geschlossen sind und alternative Betreuungsmöglichkeiten nicht zur Verfügung stehen oder der Arbeitnehmer aufgrund einer behördlich verfügten Absonderung nach § 30 Abs. 1 S. 2 IfSG (Quarantäne) an der Erbringung seiner Arbeitsleitung außerhalb des Homeoffice gehindert ist.[76] Die bloße Befürchtung des Arbeitnehmers, sich auf dem Weg zur Arbeit oder in der Betriebsstätte bei Kollegen mit einem Virus zu infizieren, soll für sich allein genommen indes selbst dann nicht genügen, wenn der Arbeitnehmer altersbedingt einer sog. „Risikogruppe" angehört, soweit der Arbeitgeber die ihn treffenden Fürsorge- und Schutzpflicht aus § 618 Abs. 1 BGB i.V.m. §§ 3 ff. ArbSchG erfüllt.[77] Dies gilt insbesondere dann, wenn der Arbeitgeber in der Betriebsstätte die Vorgaben der derzeitigen „SARS-CoV-2-Arbeitsschutzregel"[78] erfüllt.[79]

Selbst in Fällen, in denen Arbeitnehmer im Rahmen pandemie-bedingter Schutzvorkehrungen vorübergehend im Homeoffice tätig werden (mussten), besteht ohne entsprechende Vereinbarung für die „Zeit nach der Krise" ebenso kein Anspruch des Arbeitnehmers auf Fortsetzung der Tätigkeit im Homeoffice. Ein solcher Anspruch folgt mangels entsprechendem Verpflichtungswillen des Arbeitgebers bzw. schutzwürdigem Vertrauen des Arbeitnehmers nach zutreffender Ansicht auch bei längerer Tätigkeit im Home-Office insbesondere weder aus einer betrieblichen Übung noch aus einer Konkretisierung des Direktions- bzw. Weisungsrechts des Arbeitgebers.[80] Gleichwohl sollte zumindest bei Abschluss entsprechender (temporärer) Vereinbarungen auf die Festlegung von Beendigungstatbe-

---

76 So etwa Krieger/Rudnik/Povedano Peramato, NZA 2020, 473, 478; Müller (Fn. 48), § 8 Rn. 681.

77 ArbG Augsburg, Beschl. v. 07.05.2020 – 3 Ga 9/20 = NZA-RR 2020, 417, 418 (Berufung anhängig beim LAG München – 5 Sa Ga 14/20); ebenso Günther/Böglmüller, ArbRAktuell 2020, 186, 187; i.E. wohl auch Müller (Fn. 48), § 8 Rn. 681.

78 „SARS-CoV-2-Arbeitsschutzregel" i.d.F. vom 10.08.2020, GMBl 2020 S. 484–495 (Nr. 24/2020 v. 20.8.2020).

79 Ebenso Stück, ArbRAktuell 2020, 525; vgl. jedoch die bis 15.03.2021 geltende Regelung nach § 2 Abs. 4 Corona-ArbSchV, wonach er Beschäftigten im Falle von Büroarbeit oder vglb. Tätigkeiten deren Durchführung in der Wohnung anzubieten hat, wenn keine zwingenden betriebsbedingten Gründe entgegenstehen.

80 So bereits Günther/Böglmüller, ArbRAktuell 2020, 186, 187; von Steinau-Steinrück/Beismann, NJW-Spezial 2020, 626, 627; vgl. dazu LAG Rheinland-Pfalz, Urt. v. 17.12.2014 – 4 Sa 404/14 = BeckRS 2015, 68467 unter II. 1. c) der Gründe.

ständen sowie einer auf den Arbeitsort bezogenen Versetzungsklausel oder eines arbeitgeberseitigen Rückhol-/Widerrufsvorbehalts geachtet werden.[81]

d. Regelungsgegenstände; vor allem Arbeitsschutz und Kostentragung

Entschließt sich der Arbeitgeber zur Einführung von Homeoffice bzw. mobilem Arbeiten, gilt es eine Vielzahl an Regelungsgegenständen im Blick zu behalten (etwa Ort, Arbeitsmittel, Arbeitsschutz, Arbeitszeit, Beendigung, Datenschutz, Einrichtung, Haftung, Kostentragung).[82] Die in der Praxis bestehende Herausforderung liegt vor allem darin, dass Homeoffice regelmäßig kein Raum, sondern schlicht ein dem Arbeitnehmer vertraglich eingeräumtes Recht ist, der Betriebsstätte fernzubleiben und seine Tätigkeit mittels einzelner vom Arbeitgeber gestellter technischer Arbeitsmittel (Laptop, Smartphone etc.) von zu Hause aus – bzw. beim mobilen Arbeiten von einem beliebigen Ort – zu erledigen.[83] Einen bestimmten definierbaren und vom Arbeitgeber als Homeoffice vollständig eingerichteten Ort gibt es selten; vielmehr soll der Arbeitnehmer anhand der jeweiligen Arbeitsaufgabe selbst entscheiden können, von wo aus in seinem Privatbereich diese erledigt wird („Mobile Office“).

Da „Industrie 4.0“ und „Arbeiten 4.0“ zwar eine Vielzahl neuer Möglichkeiten, für sich genommen aber kein neues Arbeitsrecht schaffen,[84] lautet der Befund immer regelmäßiger, dass sich die im Unternehmen vorgefundene Realität und daraus ableitende Bedürfnisse mit den bestehenden Regelungen oft nur unscharf oder überhaupt nicht (mehr) abbilden lassen. In diesem Zusammenhang soll nachfolgend auf die eine Vielzahl der aktuell geführten Diskussionen betreffenden Aspekte Arbeitsschutz, Arbeitszeit und Kostentragung eingegangen werden.

aa. Arbeitsschutzgesetz (ArbSchG)

Das Arbeitsschutzgesetz gilt nach § 1 Abs. 1 S. 1 ArbSchG in allen Tätigkeitsbereichen und erfasst mit seinem persönlichen Anwendungsbereich

---

81 Dazu etwa Müller (Fn. 48), § 4 Rn. 441 ff.

82 Vgl. zum Homeoffice bspw. Müller (Fn. 48), § 5 Rn. 621; Arnold/Günther ArbR 4.0-HdB/Arnold/Winzer, 2018, Kap. 3 Rn. 78 ff; zum mobilen Arbeiten Bayer, ArbRAktuell 2020, 489 ff.

83 So bereits Ganz, ArbRAktuell 2018, 35.

84 Ebenso Ricken, ZfA 2016, 535, 547); Krause, NZA-Beil. 2017, 53, 55.

nach § 2 Abs. 2 Nr. 1 ArbSchG alle Arbeitnehmer unabhängig vom Ort der Arbeit. In der einschlägigen Literatur ist es daher – soweit ersichtlich – nahezu allgemeine Meinung, dass die Regelungen des ArbSchG auch auf die Arbeit außerhalb der betrieblichen Arbeitsstätte und somit die Tätigkeit im Homeoffice und das mobile Arbeiten Anwendung finden.[85]

Die dem Arbeitgeber nach dem ArbSchG obliegenden arbeitsschutzrechtlichen Pflichten umfassen insbesondere die Pflicht, auf eigene Kosten (§ 3 Abs. 3 ArbSchG) die erforderlichen Maßnahmen des Arbeitsschutzes unter Berücksichtigung der Umstände zu treffen, die Sicherheit und Gesundheit der Beschäftigten bei der Arbeit beeinflussen (§ 3 Abs. 1 S. 1 ArbSchG), diese laufend auf ihre Wirksamkeit zu überprüfen und erforderlichenfalls anzupassen (§ 3 Abs. 1 S. 2 ArbSchG), zu ihrer Planung und Durchführung für eine geeignete Organisation zu sorgen und die erforderlichen Mittel bereitzustellen (§ 3 Abs. 2 Nr. 1 ArbSchG). Dabei sind die in § 4 ArbSchG geregelten allgemeinen Grundsätze zu beachten; insbesondere ist die Arbeit so zu gestalten, dass eine Gefährdung für das Leben sowie die physische und die psychische Gesundheit möglichst vermieden und die verbleibende Gefährdung möglichst geringgehalten wird (§ 4 Nr. 1 ArbSchG) und sind der Stand von Technik, Arbeitsmedizin und Hygiene sowie sonstige gesicherte arbeitswissenschaftliche Erkenntnisse zu berücksichtigen (§ 4 Nr. 3 ArbSchG). Die erforderlichen Maßnahmen sind durch eine Gefährdungsbeurteilung zu ermitteln (§ 5 Abs. 1 ArbSchG) und die Arbeitnehmer entsprechend arbeitsplatzbezogen zu unterweisen (§ 12 Abs. 1 ArbSchG).

Insbesondere die in der Praxis bei Verstößen gegen die Vorschriften des ArbSchG – regelmäßig vorschnell – angeführten Sanktionen des Ordnungswidrigkeiten- und Strafrechts sind daher im Blick zu behalten; aufgrund der Ausgestaltung von §§ 25, 26 ArbSchG als sog. „Blankett-Vorschriften" – das ArbSchG definiert nicht selbst, wann eine Ordnungswidrigkeit bzw. Strafbarkeit vorliegt, sondern verweist auf die entsprechenden Verordnungen oder behördlichen Anordnungen, aus denen sich für den Arbeitgeber (erst) konkrete Handlungspflichten ergeben – wird unter Hinweis auf den Grundsatz nulla poena sine lege (Art. 103 Abs. 2 GG, § 1 StGB, § 3 OWiG) aber zurecht die Ansicht vertreten, dass ein Verstoß al-

---

85 Bayer, ArbRAktuell 2020, 489, 490; Günther/Böglmüller, ArbRAktuell 2020, 186, 187; Krieger/Rudnik/Povedano Peramato, NZA 2020, 473, 479; Hildalgo, NZA 2019, 1449, 1450; Benkert, NJW-Spezial 2019, 306, 307; Schöllmann, NZA-Beilage 2019, 91, 83; Richter, ArbRAktuell 2019, 142, 143; Aligbe, ArbRAktuell 2016, 132, 133; Wiebauer, NZA 2016, 1430, 1431; Isenhardt, DB 2016, 1499, 1450; Oberthür, NZA 2013, 246, 247; Boemke/Ankersen, BB 2000, 1570.

lein gegen die Vorschriften des ArbSchG – insbesondere die bei Nichtanwendbarkeit der ArbStättV aus der Generalklausel § 5 Abs. 1 ArbSchG hergeleitete Pflicht zur Gefährdungsbeurteilung (unzureichende Durchführung ohne Begehung oder Unterlassen) – grundsätzlich weder eine Ordnungswidrigkeit noch eine Straftat darstellen kann.[86] Eine Ordnungswidrigkeit kommt vielmehr erst in Betracht, wenn der Verantwortliche gegen eine vollziehbare Anordnung, mit der die Behörde die Vorkehrungen des Arbeitgebers zuvor für unzureichend erklärt und nach § 22 Abs. 3 ArbSchG verbindlich anordnet hat, welche konkreten Maßnahmen der Arbeitgeber treffen müsse, zuwiderhandelt.

Mit potentiellen Verstößen gegen die ArbStättV steht es nicht viel anders. Selbst bei Einrichtung eines Telearbeitsplatzes i.S.v. § 2 Abs. 7 ArbStättV wird eine Ordnungswidrigkeit wegen des durch § 1 Abs. 3 ArbStättV begrenzten Anwendungsbereichs regelmäßig erst dann in Betracht kommen, wenn der Arbeitgeber die Gefährdungsbeurteilung nach § 3 ArbStättV gar nicht, nicht richtig, nicht vollständig oder nicht rechtzeitig dokumentiert oder nicht sicherstellt, dass die Beschäftigten vor Aufnahme der Tätigkeit i.S.v. § 6 ArbStättV unterwiesen wurden. Entspricht der Arbeitsplatz dagegen nicht den Vorgaben nach Anhang 6 ArbStättV kann dies für sich allein gerade keine Ordnungswidrigkeit darstellen.[87] Unterhalb der Schwelle eines Telearbeitsplatzes i.S.v. §§ 1 Abs. 3 S. 1 i.V.m. § 2 Abs. 7 ArbStättV bzw. eines – bei europarechtskonformer Auslegung zunehmend schwerer abzulehnenden – Bildschirmarbeitsplatzes i.S.v. § 2 Abs. 5 ArbStättV lässt sich bei einer streng am Wortlaut orientierten Auslegung bis zu einer Klarstellung durch den Gesetz- bzw. Verordnungsgeber sogar mit guten Argumenten vertreten, dass die Begehung von Ordnungswidrigkeiten oder Straftaten für die überwiegende Vielzahl der Formen außerhalb der betrieblichen Arbeitsstätte erbrachter Arbeit vor dem Hintergrund des – diese „Mobile Arbeit“ vom Anwendungsbereich der ArbStättV explizit ausschließenden – Konzepts des Verordnungsgebers derzeit überhaupt nicht möglich ist.[88]

Die Risiken in Zeiten der krisenbedingten Transformationsphase liegen hier jedoch vor allem in – teilweise kostspieleigen – Durchsetzungsansprüchen der einzelnen Arbeitnehmer.[89] Im Fokus der aktuellen Diskussion steht insbesondere die Frage, ob und inwieweit die von Arbeitgebern nach

---

86 So etwa Hildalgo, NZA 2019, 1449, 1457; Rieble/Picker, ZfA 2013, 383, 422.

87 Hildalgo, NZA 2019, 1449, 1457.

88 Hildalgo, NZA 2019, 1449, 1457.

89 BAG, Urt. v. 12.08.2008 – 9 AZR 1117/06 = NZA 2009, 102, 103 (Gefährdungsbeurteilung).

Anhang 6 ArbStättV bei der Ausstattung von Arbeitsstätten auferlegten Pflichten und zu beachtenden Anforderungen auf die Tätigkeit im Homeoffice bzw. beim mobilen Arbeiten Anwendung finden.

bb. Arbeitsstättenverordnung (ArbStättV)

Die ArbStättV erfasst ihrem sachlichen Arbeitsbereich gemäß § 1 Abs. 1 ArbStättV das Einrichten und Betreiben von „Arbeitsstätten“ und ist damit gemäß § 2 Abs. 1 ArbStättV grundsätzlich räumlich auf Orte auf dem Gelände des Betriebs beschränkt;[90] der Wortlaut umfasst weder Arbeitsplätze im Homeoffice noch mobiles Arbeiten i.S.d. ArbStättV[91] – soweit es sich dabei nicht (zugleich) um Telearbeitsplätze i.S.v. §§ 1 Abs. 3 S. 1 i.V.m. § 2 Abs. 7 ArbStättV bzw. Bildschirmarbeitsplätze i.S.v. § 2 Abs. 5 ArbStättV handelt.

(1) Telearbeitsplatz (§ 2 Abs. 7 ArbStättV)

„*Telearbeitsplätze*“ i.S.d. ArbStättV sind gemäß § 2 Abs. 7 S. 1 ArbStättV „vom Arbeitgeber fest eingerichtete Bildschirmarbeitsplätze im Privatbereich der Beschäftigten, für die der Arbeitgeber eine mit den Beschäftigten vereinbarte wöchentliche Arbeitszeit und die Dauer der Einrichtung festgelegt hat. Ein Telearbeitsplatz ist vom Arbeitgeber aber erst dann eingerichtet, wenn die Bedingungen der Telearbeit (arbeits-)vertraglich festgelegt wurden und die benötigte Ausstattung mit Mobiliar, Arbeitsmitteln und Kommunikationseinrichtungen vom Arbeitgeber im Privatbereich des Arbeitnehmers bereitgestellt und installiert ist.

In der Literatur wird aufgrund einer streng am Wortlaut orientierten Auslegung überwiegend die Meinung vertreten, dass bereits dann *kein* Telearbeitsplatz i.S.v. § 2 Abs. 7 ArbStättV vorliegt, wenn Einrichtungsgegenstände des Arbeitnehmers (z. B. Schreibtisch, Stuhl etc.) für die Tätigkeit

---

90 BeckOK ArbSchR/Teuscher, 4. Ed. (Stand: 01.12.2020), § 2 ArbStättV Rn. 8, 9; Kollmer ArbStättV/Wiebauer, 4. Aufl. 2019, § 1 Rn. 39, § 2 Rn. 10.

91 Hildalgo, NZA 2019, 1449, 1450; Pils, CB 2017, 170, 172; BeckOK ArbSchR/Teuscher, 3. Ed. (Stand: 15.09.2020), § 2 ArbStättV Rn. 35.1; MHdB-ArbR/Kohte, 4. Aufl. 2018, § 177 Rn. 31; Kohte/Faber/Feldhoff, Gesamtes Arbeitsschutzrecht, 2. Aufl. 2018, ArbStättV Rn. 35; Kollmer ArbStättV/Wiebauer, 4. Aufl. 2019, § 1 Rn. 38.

genutzt werden.[92] Im Hinblick auf die Vorgaben der – grundsätzlich für jede Arbeit an einem Bildschirmgerät geltenden – Bildschirmarbeitsrichtlinie 90/2070/EWG wird zugleich bezweifelt, ob der Begriff i.S.e. europarechtskonformen Auslegung dahingehend verstanden werden muss, dass bereits allein das Bereitstellen von Bildschirmgeräten zur Anwendbarkeit der ArbStättV führt.[93] Nachdem der Verordnungsgeber die Begriffsbestimmung des Telearbeitsplatzes in § 2 Abs. 7 ArbStättV aber bewusst enger gefasst und einen Unterschied zwischen betrieblichen und häuslichen Arbeitsplätzen erkannt hat[94], wird angenommen, dass eine derart weite Auslegung die Grenzen der zulässigen Auslegung überziehen würde.[95]

Daher wird bislang zurecht überwiegend die Ansicht vertreten, dass Telearbeitsplätze i.S.d. ArbStättV erst vorliegen, wenn der Arbeitgeber neben dem Abschluss einer Vereinbarung mehr als technische Kommunikationsmittel (Laptop, Smartphone) zur Verfügung stellt, insbesondere den Privatbereich des Arbeitnehmers mit Mobiliar ausstattet.[96] Dabei sollen vom Arbeitnehmer zur Verfügung gestellte Arbeitsmittel berücksichtigt werden, die der Arbeitgeber zuvor geprüft und deren Eignung festgestellt habe[97] bzw. deren Nutzung für dienstliche Zwecke vereinbart wurde.[98]

(2) Bildschirmarbeitsplatz (§ 2 Abs. 5 ArbStättV)

„Bildschirmarbeitsplätze“ sind gemäß § 2 Abs. 5 ArbStättV Arbeitsplätze, die sich in Arbeitsräumen befinden und die mit Bildschirmgeräten und sonstigen Arbeitsmitteln ausgestattet sind. Bildschirmarbeitsplätze setzen auf-

---

92 Hildalgo, NZA 2019, 1449, 1451; Schucht, CCZ 2017, 120, 123; Wiebauer NZA 2017, 220, 222; Müller, Homeoffice in der arbeitsrechtlichen Praxis, 2. Aufl. 2020, § 3 Rn. 368; Kollmer ArbStättV/Wiebauer, 4. Aufl. 2019, § 2 Rn. 72.

93 Vgl. etwa Wiebauer NZA 2017, 220, 222; Kollmer ArbStättV/Wiebauer, 4. Aufl. 2019, § 2 Rn. 74; Müller (Fn. 48), § 3 Rn. 368, 369.

94 BR-Drucks 506/16, S. 35, 39.

95 Hildalgo, NZA 2019, 1449, 1451; Müller (Fn. 48), § 3 Rn. 369; zweifelnd Wiebauer NZA 2017, 220, 222; Pils, CB 2017, 170, 172; Kollmer ArbStättV/Wiebauer, 4. Aufl. 2019, § 2 Rn. 74.

96 Hildalgo, NZA 2019, 1449, 1451; Müller, Homeoffice in der arbeitsrechtlichen Praxis, 2. Aufl. 2020, § 3 Rn. 368; i.E. wohl auch Schucht CCZ 2017, 120, 123; Wiebauer NZA 2017, 220, 222.

97 So etwa Doll, SiS 05/2017, 217 ff; i.E. wohl auch Hildalgo, NZA 2019, 1449, 1451.

98 So die „Empfehlungen des Ausschusses für Arbeitsstätten (ASTA) zur Abgrenzung von mobiler Arbeit und Telearbeitsplätzen gemäß Definition in § 2 Absatz 7 ArbStättV“ v. 30.11.2016, BGBl. I S. 2681“ v. 07.11.2017, S. 2.

grund der Begriffsbestimmung „Arbeitsräume" in § 2 Abs. 4 ArbStättV neben einer örtlichen („innerhalb von Gebäuden") und einer zeitlichen Komponente („dauerhaft eingerichtet") auch die Ausstattung mit „sonstigen Arbeitsmitteln" voraus. Dabei sind „Bildschirmgeräte" i.S.v. § 2 Abs. 6 ArbStättV nicht (länger) identisch mit dem Bildschirm an sich, sondern erfassen auch Laptop, Note- und Netbook, Tablet und Smartphone, wenngleich sie wegen der maßgeblichen Funktionseinheit regelmäßig aus mehreren weiteren Funktionseinheiten (etwa Computer/Laptop, Tastatur, Maus, Dockingstation, Drucker, Scanner etc.) bestehen.[99]

Hier liegen die aus Sicht der Praxis eigentlichen Probleme, da die „Schwelle" des § 2 Abs. 5 ArbStättV bereits nach ihrem Wortlaut weder den Abschluss einer gesonderten Vereinbarung noch eine umfangreiche Möblierung voraussetzt. Das gilt umso mehr, als die Definition des Bildschirmarbeitsplatzes in der Literatur allgemein als „verunglückt" angesehen wird; der Verordnungsgeber habe sich – entgegen seinem eigentlichen Vorhaben[100] – nicht darauf beschränkt, die Begriffsbestimmung aus der BildSchArbV zu übernehmen, sondern diese neu formuliert.[101] Hintergrund sei zum einen, dass nach § 2 Abs. 2 BilscharbV a.F. bereits die Ausstattung mit einem Bildschirmgerät an sich den Arbeitsplatz als Bildschirmarbeitsplatz qualifizierte, ohne das weitere Arbeitsmittel erforderlich waren;[102] was im Übrigen den Vorgaben nach Art. 2 lit. b RL 90/270/EWG entspricht.[103] Zum anderen könne der RL 90/270/EWG weder die in § 2 Abs. 5 ArbStättV aufgenommene räumliche Beschränkung

99 Vgl. Aligbe, ArbRAktuell 2016, 596, 597; Wiebauer NZA 2017, 220, 220; Schucht CCZ 2017, 120, 122; BeckOK ArbSchR/Teuscher, 4. Ed. (Stand: 01.12.2020), § 2 ArbStättV Rn. 30; Kollmer ArbStättV/Wiebauer, 4. Aufl. 2019, § 2 Rn. 64, 65; Kohte/Faber/Feldhoff, Gesamtes Arbeitsschutzrecht, 2. Aufl. 2018, ArbStättV Rn. 145.

100 BR-Drucks. 506/16 S. 26; Kollmer ArbStättV/Wiebauer, 4. Aufl. 2019, § 2 Rn. 60.

101 Hildalgo, NZA 2019, 1449, 1456; Wiebauer NZA 2017, 220, 222; Pils, CB 2017, 170, 172; Kollmer ArbStättV/Wiebauer, 4. Aufl. 2019, § 2 Rn. 56; Kohte/Faber/Feldhoff, Gesamtes Arbeitsschutzrecht, 2. Aufl. 2018, ArbStättV Rn. 143.

102 „Bildschirmarbeitsplatz" i.S der BildscharbV war gemäß § 2 Abs. 2 BildscharbV „ein Arbeitsplatz mit einem Bildschirmgerät, der ausgestattet sein kann mit 1.Einrichtungen zur Erfassung von Daten, 2.Software, die den Beschäftigten bei der Ausführung ihrer Arbeitsaufgaben zur Verfügung steht, 3. Zusatzgeräten und Elementen, die zum Betreiben oder Benutzen des Bildschirmgeräts gehören, oder 4.sonstigen Arbeitsmitteln, sowie die unmittelbare Arbeitsumgebung."; vgl. Hildalgo, NZA 2019, 1449, 1456; Wiebauer NZA 2017, 220, 222; Pils, CB 2017, 170, 172; Kollmer ArbStättV/Wiebauer, 4. Aufl. 2019, § 2 Rn. 56.

103 Hildalgo, NZA 2019, 1449, 1456; Wiebauer NZA 2017, 220, 222; Kollmer ArbStättV/Wiebauer, 4. Aufl. 2019, § 2 Rn. 61.

auf Gebäude/den Innenbereich noch eine zeitliche Komponente („dauerhaft“) entnommen werden.[104] Da der Verordnungsgeber aber keine Änderung der Rechtslage habe herbeiführen wollen, sei entweder § 2 Abs. 5 ArbStättV europarechtskonform dahingehend auszulegen, dass ein „Bildschirmarbeitsplatz“ (auch) i.S.d. ArbStättV bereits bei der Ausstattung des Arbeitsplatzes mit einem Bildschirmgerät an sich vorliege[105] bzw. sei Anhang 6 der ArbStättV über die Generalklauseln nach §§ 3, 4 Abs. 3 ArbSchG zu berücksichtigen.[106] Das soll unabhängig davon gelten, dass der Verordnungsgeber offenbar davon ausging, dass Bildschirmarbeitsplätze i.S.d. ArbStättV überwiegend in Büro- und Verwaltungsbereichen betrieben werden.[107]

Nimmt man das ernst, könnte streng genommen bereits die „klassische“ Ausstattung des Arbeitnehmers mit Laptop, Bildschirm, Docking-Station, Maus und Tastatur, die er regelmäßig im Homeoffice nutzt, zur Anwendbarkeit der ArbStättV führen, obwohl andere Formen der mobilen Arbeit nach dem Willen des Verordnungsgebers grundsätzlich *arbeitsstättenrechtlich* ungeregelt bleiben sollen.[108] Bis zu einer Klarstellung durch den Gesetz- bzw. Verordnungsgeber verbleibt insoweit weiterhin erhebliche Rechtsunsicherheit, wenngleich diese auch Gestaltungsspielräume eröffnen kann. Das gilt umso mehr, als die Vorgaben nach § 3 ArbStättV, § 6 ArbStättV sowie von Anhang 6 ArbStättV nach derzeit wohl herrschender Meinung auch bei mobilem Arbeiten über die Generalklauseln des ArbSchG – insbesondere als zu berücksichtigender „Stand der Technik“ i.S.v. § 4 Abs. 3 Nr. 2 ArbSchG – bereits dann und unabhängig von der Anwendbarkeit der ArbStättV, der Einrichtung eines Telearbeitsplatzes i.S.v.

---

104 Hildalgo, NZA 2019, 1449, 1456; Wiebauer NZA 2017, 220, 222; Kollmer ArbStättV/Wiebauer, 4. Aufl. 2019, § 2 Rn. 57, 59, 60; Kohte/Faber/Feldhoff, Gesamtes Arbeitsschutzrecht, 2. Aufl. 2018, ArbStättV Rn. 148.

105 So Wiebauer NZA 2017, 220, 222; Kohte/Faber/Feldhoff, Gesamtes Arbeitsschutzrecht, 2. Aufl. 2018, ArbStättV Rn. 143; Kollmer ArbStättV/Wiebauer, 4. Aufl. 2019, § 2 Rn. 60; i.E. wohl auch Schucht, CCZ 2017, 120, 122.

106 So Hildalgo, NZA 2019, 1449, 1457; MHdB-ArbR/Kohte, 4. Aufl. 2018, § 177 Rn. 31; ähnlich Kollmer ArbStättV/Wiebauer, 4. Aufl. 2019, § 1 Rn. 39; Kohte/Faber/Feldhoff, Gesamtes Arbeitsschutzrecht, 2. Aufl. 2018, ArbStättV Rn. 200 ff.

107 Kollmer ArbStättV/Wiebauer, 4. Aufl. 2019, § 2 Rn. 60; BR-Drucks 506/16, S. 35.

108 Bayer, ArbRAktuell 2020, 489, 490; Hildalgo, NZA 2019, 1449, 1450; Schöllmann, NZA-Beilage 2019, 81, 83; Pils, CB 2017, 170, 172; Schucht, CCZ 2017, 120, 123; BeckOK ArbSchR/Teuscher, 4. Ed. (Stand: 01.12.2020), § 2 ArbStättV Rn. 35.1; MHdB-ArbR/Kohte, 4. Aufl. 2018, § 177 Rn. 31; Kohte/Faber/Feldhoff, Gesamtes Arbeitsschutzrecht, 2. Aufl. 2018, § 2 ArbStättV Rn. 35; Kollmer ArbStättV/Wiebauer, 4. Aufl. 2019, § 1 Rn. 38; Günther/Böglmüller, ArbRAktuell 2020, 186, 188.

§ 2 Abs. 7 ArbStättV bzw. eines Bildschirmarbeitsplatzes i.S.v. § 2 Abs. 5 ArbStättV zu berücksichtigen sind, wenn Arbeitnehmer außerhalb der Arbeitsstätte mit einem Laptop oder sonstigem Bildschirmgerät arbeiten.[109]

Zugleich ist aus Sicht der Praxis aber ebenso darauf hinzuweisen, dass bis zu einer Klarstellung vor allem in der derzeitigen Situation kaum zu erwarten ist, dass Aufsichtsbehörden bzw. Unfallversicherungsträger Homeoffice-Arbeitsplätze und erstrecht ortsungebundene Formen der mobilen Arbeit stärker überprüfen und ggf. bemängeln als bislang. Das gilt insbesondere, da die extrem restriktive Fassung bereits der (engeren) Begriffsbestimmung des „Telearbeitsplatzes“ i.S.v. § 2 Abs. 7 ArbStättV maßgeblich durch die Befürchtung der Arbeitgeber beeinflusst wurde, dass dem Arbeitgeber die umfassende Verantwortung und ggf. Kontrollpflichten für ihrem Einflussbereich entzogene Orte (vor allem im Privatbereich) aufgebürdet werde.[110] Ein weiteres *Indiz* mag zudem in der zuletzt unter Ziffer 4.2.4 Abs. 2 S. 1 CoVArbSchR getroffenen Regelung gesehen werden, wonach allein die Anwendbarkeit des ArbSchG und des ArbZG – nicht aber die ArbStättV – auf das Homeoffice hervorgehoben wurde und sich entsprechende Regelungen zum mobilen Arbeiten im CoVArbSchR überhaupt nicht finden. Dennoch gilt es, die weitere Entwicklung sehr genau im Blick zu behalten.

cc. Anspruch auf einen „ergonomischen Bürostuhl“

In der Praxis sind Kern der Diskussionen um die anwendbaren arbeitsschutzrechtlichen Bestimmungen neben Praktikabilitätserwägungen – etwa der Frage nach Inhalt und Umfang einer vom Arbeitgeber durchzuführenden Gefährdungsbeurteilung, da mobiler Arbeit immanent ist, dass der Arbeitnehmer den Ort seiner Tätigkeit innerhalb gewisser Grenzen eigenverantwortlich festlegt und diese regelmäßig in einer durch Dritte vorgegebenen Arbeitsumgebung stattfindet (Hotel, Café, Zug, Taxi etc.), sodass die Kontroll- und Einflussmöglichkeiten des Arbeitsgebers stark einge-

---

109 Günther/Böglmüller, ArbRAktuell 2020, 186, 188; Wiebauer, NZA 2016, 1430, 1431 f; Oberthür, NZA 2013, 246, 247; Kollmer ArbStättV/Wiebauer, 4. Aufl. 2019, § 1 Rn. 39; Kohte/Faber/Feldhoff, Gesamtes Arbeitsschutzrecht, 2. Aufl. 2018, ArbStättV Rn. 200 ff; enger Schöllmann, NZA-Beilage 2019, 81, 83 (gerätebezogener Arbeitsschutz für ortsungebundene Verwendung); Arnold/Günther ArbR 4.0-HdB/Günther/Böglmüller, 2018, Kap. 4 Rn. 101 (vergleichbares Schutzniveau).

110 Vgl. Kollmer ArbStättV/Wiebauer, 4. Aufl. 2019, § 2 Rn. 70.

schränkt sind – vor allem Kostenaspekte. Dabei wird oft übersehen, dass den im Unternehmen etwa durch die Einsparung von Büroflächen längerfristig erzielbaren Einsparungspotentialen bereits jetzt schon teilweise erhebliche Belastungen der IT-Budgets (etwa steigenden Kosten für Cyber-Security) gegenüberstehen. Aktuell stehen hier vor allem aber „ergonomische" Büromöbel im Fokus der Debatte.

Die Frage, ob und unter welchen Voraussetzungen Arbeitnehmer bei mobilem Arbeiten Anspruch etwa auf einen ergonomischen Bürostuhl haben, ist – soweit ersichtlich – bislang nicht geklärt. Ausgangspunkt ist die grundsätzlich unabhängig vom Ort der Arbeitsleistung bestehende Pflicht des Arbeitgebers, dem Arbeitnehmer die für eine ordnungsgemäße Erbringung der geschuldeten Tätigkeit erforderlichen Arbeitsmittel zur Verfügung zu stellen und die für Anschaffung, Wartung und Pflege anfallenden Kosten zu tragen[111]; dies gilt grundsätzlich auch bei Homeoffice und mobilem Arbeiten.[112]

In der Literatur ist insoweit für die Einrichtung eines Telearbeitsplatzes i.S.v. § 2 Abs. 7 ArbStättV anerkannt, dass der Arbeitgeber im Rahmen der sämtlichen von ihm zur Verfügung zu stellenden Arbeitsmittel einen ergonomischen Bürostuhl zumindest dann zur Verfügung stellen muss, wenn die Anforderungen nach Anhang 6 ArbStättV im Privatbereich nicht auf andere Weise erreicht werden können.[113] Denn da nach § 1 Abs. 3 S. 2 die „Eigenart von Telearbeitsplätzen" zu berücksichtigen ist, müssen die Arbeitsbedingungen nicht genau den Bedingungen im Betrieb entsprechen, solange der Arbeitsplatz sicher und geeignet für die Art der Tätigkeit sei und die Gesundheit der Beschäftigten nicht gefährdet werde.[114]

Da der Arbeitgeber jedoch nur die für eine ordnungsgemäße Erbringung der geschuldeten Tätigkeit erforderlichen Arbeitsmittel zur Verfü-

---

111 BAG, Urt.v. 12.04.2011 – 9 AZR 14/10 = NZA 2012, 97, 99; BAG, Urt. v. 16.10.2007 – 9 AZR 170/07 = NZA 2008, 1012, 1014.

112 Krieger/Rudnik/Povedano Peramato, NZA 2020, 473, 478; Klein, NJ 2020, 377, 384; Fuhlrott/Fischer, NZA 2020, 345, 349; Richter, ArbRAktuell 2019, 166; Müller (Fn. 48), § 3 Rn. 250 (wonach auch die Ausstattung mit Büromöbeln umfasst sein soll).

113 Aligbe, ArbRAktuell 2016, 596, 598 (Telearbeitsplatz); Kohte/Faber/Feldhoff, Gesamtes Arbeitsschutzrecht, 2. Aufl. 2018, ArbStättV Rn. 148 (Telearbeitsplatz); ASTA-Empfehlung mobile Arbeit Telearbeit (Stand: 07.11.2017); KOMNET Wissensdatenbank Dialognummer 28836 (Stand: 23.04.2019); http://komnet.nrw.de; weiter: Boemke, BB 2000, 147, 151 (Telearbeit); SG Berlin, 19.12.2006 – S 104 AS 3672/06 ER (Bildschirmarbeitsplatz); a. A. wohl Ganz, ArbRAktuell 2018, 35, 26.

114 BR-Drucks. 506/16 S. 24.

gung zu stellen hat, wird eine *generelle* Ausstattungspflicht unterhalb der Schwelle eines Telearbeitsplatzes i.S.v. §§ 1 Abs. 3 S. 1 i.V.m. § 2 Abs. 7 ArbStättV bzw. Bildschirmarbeitsplatzes i.S.v. § 2 Abs. 5 ArbStättV jedenfalls dann abzulehnen sein, wenn dem Arbeitnehmer bei gleichzeitiger Ausstattung mit den für eine ortsungebundene Tätigkeit notwendigen technischen Kommunikationsmitteln (Laptop, Smartphone, Tablet) *allein die Möglichkeit* eingeräumt wurde, der Betriebsstätte fernzubleiben und seine Tätigkeit von einem beliebigen Ort außerhalb des Betriebs zu erledigen, wobei ebenso die Möglichkeit besteht, an einem den arbeitsschutzrechtlichen Vorgaben entsprechenden vollständig ausgestatteten Arbeitsplatz im Betrieb tätig zu sein.[115] Dabei wird dem Arbeitnehmer auch eine gewisse vorausschauende Planung zumutbar sein, soweit sich Arbeitnehmer innerhalb einer Organisationseinheit des Arbeitgebers eine festgelegte (geringere) Anzahl von Arbeitsplätzen teilen und sich etwa mittels IT-Buchungssoftware „reservieren".

Lediglich wenn Laptop, Smartphone oder Tablet gemeinsam mit weiteren Funktionseinrichtungen (Tastatur, Maus, insbesondere Bildschirm, Dockingstation etc.) vom Arbeitnehmer in kurzen Abständen und häufiger an bestimmten Orten (extern angemieteter Büroraum) oder im Privatbereich (häusliches Arbeitszimmer, Wohnung) genutzt werden, kann der Arbeitgeber infolge der ihn treffenden Fürsorge- und Schutzpflicht zur Erhaltung der Gesundheit (§§ 241 Abs. 2, 618 Abs. 1 BGB i.V.m. §§ 3 ff. ArbSchG) sowie des auch als bei mobilem Arbeiten zu berücksichtigenden „Stand der Technik" i.S.v. § 4 Abs. 3 Nr. 2 ArbSchG *im begründeten Einzelfall* dazu verpflichtet sein, einen ergonomischen Bürostuhl zur Verfügung zu stellen, wenn die arbeitsschutzrechtlich-ergonomischen Anforderungen (ähnlich Anhang 6.1 Abs. 1 ArbStättV) nicht auf andere Weise erreicht werden können.

dd. Kostentragung

Ausgangspunkt ist erneut die unabhängig vom Ort der Arbeitsleistung bestehende Pflicht des Arbeitgebers, dem Arbeitnehmer die für eine ordnungsgemäße Erbringung der geschuldeten Tätigkeit erforderlichen Arbeitsmittel zur Verfügung zu stellen und die für Anschaffung, Wartung

115 Ähnlich KOMNET Wissensdatenbank Dialognummer 28836 (Stand: 23.04.2019); http://komnet.nrw.de.

und Pflege anfallenden Kosten zu tragen[116]; dies gilt grundsätzlich auch bei Home-Office und mobilem Arbeiten.[117] Soweit es um die Bereitstellung technischer Arbeitsmittel (insbesondere Laptop, Smartphone) geht, haben Arbeitgeber bereits aus datenschutzrechtlichen Gründen – der Arbeitgeber bleibt datenschutzrechtlich Verantwortlicher i.S.v. Art. 4 Nr. 7 DSGVO – ein erhebliches Eigeninteresse, die entsprechenden Geräte und Software selbst auszuwählen und durch Dienstanweisungen etwa ihre ausschließlich betriebliche Nutzung anzuordnen.[118]

Soweit der Arbeitnehmer im Übrigen eigene Arbeitsmittel zur Verfügung stellen bzw. anschaffen und nutzen soll („Bring your own device"), kommen Aufwendungsersatzansprüche vor allem nach § 670 BGB in Betracht.[119] Soweit es um die Bereitstellung des notwendigen Büromaterials (Papier, Schreibmittel, teilweise Toner etc.) unterhalb einer gewissen „Bagatellgrenze" geht, werden nur wenige Arbeitnehmer ihrem Arbeitgeber beispielsweise das monatlich aufgewendete Druckerpapier oder Kugelschreiber in Rechnung stellen. Ebenso verhält es sich mit sog. „Sowieso-Kosten" etwa für die bereits bestehende Internet- oder Telefonflatrate.[120] In der Praxis hatte sich die Diskussion vielmehr vor allem an der Frage der (anteiligen) Kostentragung für die Zurverfügungstellung des Homeoffice selbst sowie der damit verbundenen laufenden Kosten (z. B. Miet-, Heiz-, Strom- und Wasserkosten) entzündet. Wie bei allen Aufwendungen, die der Arbeitnehmer zur Erbringung seiner geschuldeten Tätigkeit erbringt, soll der Arbeitgeber jedoch nur die Kosten solcher Anschaffungen und

116 BAG, Urt. 12.04.2011 – 9 AZR 14/10 = NZA 2012, 97, 99; BAG, Urt. v. 16.10.2007 – 9 AZR 170/07 = NZA 2008, 1012, 1014.

117 Krieger/Rudnik/Povedano Peramato, NZA 2020, 473, 478; Klein, NJ 2020, 377, 384; Fuhlrott/Fischer, NZA 2020, 345, 349; Richter, ArbRAktuell 2019, 166; Müller (Fn. 48), § 3 Rn. 252 (wonach auch die Ausstattung mit Büromöbeln umfasst sein soll).

118 Krieger/Rudnik/Povedano Peramato, NZA 2020, 473, 478; Klein, NJ 2020, 377, 384; Bayer, ArbRAktuell 2020, 489, 491; Vogt, SPA 2019, 169; Müller (Fn. 48), § 3 Rn. 252.

119 BAG, Urt. v. 12.04.2011 – 9 AZR 14/10 = NZA 2012, 97, 99 (Nutzung eigener Räumlichkeiten); BAG, Urt. v. 14.10.2003 – 9 AZR 657/02 = NJW 2004, 2036, 2037 (häusliches Arbeitszimmer); Krieger/Rudnik/Povedano Peramato, NZA 2020, 473, 478; Klein, NJ 2020, 377, 384; Keilich/Brummer, SPA 2020, 126, 127; Richter, ArbRAktuell 2019, 166 et seq.; Benkert, NJW-Spezial 2019, 306; Boemke, BB 2000, 147, 151; Müller (Fn. 48), § 3 Rn. 254.

120 Ablehnend auch Krieger/Rudnik/Povedano Peramato, NZA 2020, 473, 479.

Aufwendungen tragen, die in seinem überwiegenden Interesse erfolgt sind.[121]

Das Interesse an der Einführung von Homeoffice bzw. mobilem Arbeiten wird beim Arbeitgeber vorwiegend in der (notwendigen) Einsparung von Kosten für die Anschaffung, Ausstattung und Unterhaltung innerbetrieblicher Arbeitsstätten liegen.[122] Da die Erzielung entsprechender Kosteneffekte aber eine gewisse Dauer voraussetzen wird, kann ein überwiegendes Arbeitgeberinteresse bei temporären Maßnahmen im Zusammenhang mit der Ausbreitung des Coronavirus „SARS-CoV-2" zumindest dann bezweifelt werden, wenn die Arbeitnehmer nach Auslaufen der pandemiebedingten Schutzvorkehrungen in den Betrieb zurückkehren sollen. Ob etwas Anderes aus der Arbeitgeber vor allem in Pandemie-Zeiten treffenden Fürsorge- und Schutzpflicht zur Erhaltung der Gesundheit[123] folgen kann (beispielsweise nennt Ziffer 4.2.4 Abs. 1 S. 1 und S. 2 SARS-CoV-2-Arbeitsschutzregel unter Ziffer 4.2.4 ausdrücklich die Nutzung von Homeoffice und mobiler Arbeit als Maßnahme zur Reduzierung der gleichzeitig im Betrieb anwesenden Beschäftigten) ist – soweit ersichtlich – bislang nicht Gegenstand gerichtlicher oder wissenschaftlicher Auseinandersetzung gewesen. Dagegen sprechen zumindest außerhalb behördlich angeordneter Betriebsschließungen neben der beiderseitigen arbeitsvertraglichen Rücksichtnahmepflicht (§ 241 Abs. 2 BGB) insbesondere die Beschäftigten im Bereich des Arbeitsschutzrechts nach § 15 Abs. 1 S. 1 und S. 2 ArbSchG auferlegten Schutzpflichten.

Selbst in Fällen, in denen Arbeitnehmer für längere Zeit oder sogar dauerhaft auch von zu Hause arbeiten, gibt eines keinen dahingehenden Automatismus, dass aus der Tätigkeit im Homeoffice stets ein Aufwendungsersatzanspruch für die Zurverfügungstellung privaten Raums folgt. Zwar betont das BAG in mittlerweile ständiger Rechtsprechung, dass die Nutzung eigener Räumlichkeiten zur Erfüllung von Arbeitsaufgaben nach § 670

---

121 BAG, Urt. v. 12.04.2011 – 9 AZR 14/10 = NZA 2012, 97, 99; BAG, Urt. v. 16.10.2007 – 9 AZR 170/07 = NZA 2008, 1012, 1014; BAG, Urt. v. 14.10.2003 – 9 AZR 657/02 = NZA 2004, 604, 605; Krieger/Rudnik/Povedano Peramato, NZA 2020, 473, 479; Klein, NJ 2020, 377, 384; Richter, ArbRAktuell 2019, 166, 167.

122 So auch BAG, Urt. v. 12.04.2011 – 9 AZR 14/10 = NZA 2012, 97, 99; BAG, Urt. v. 16.10.2007 – 9 AZR 170/07 = NZA 2008, 1012, 1014.

123 §§ 241 Abs. 2, 618 Abs. 1 BGB i.V.m. §§ 3 ff. ArbSchG, vgl. BAG, Urt. v. 21.12.2017 – 8 AZR 853/16 = NJW 2018, 1835, 1837; BAG, Urt. v. 14.12.2006 – 8 AZR 628/05 = NZA 2007, 262, 263 ("Hepatitis C-Infektion"); Fuhlrott/Fischer, NZA 2020, 345, 349; Krieger/Rudnik/Povedano Peramato, NZA 2020, 473, 475.

BGB ersatzfähige Aufwendungen darstellen *kann*.[124] Zudem soll die bloße Einsparung von Fahrtzeit und Fahrtkosten beim Arbeitnehmer für sich allein nicht ausreichend sein, um ihn mit den Aufwendungen für ein häusliches Arbeitszimmer zu belasten.[125] Etwas anderes kann jedoch aus einer dem Arbeitnehmer eingeräumten Flexibilität folgen; wurde dem Arbeitnehmer freigestellt, an welchem Ort er einen wesentlichen Teil seiner Arbeitsleistung erbringt (obwohl im Betrieb ein Arbeitsplatz zur Verfügung steht), soll dies ein *wichtiges Indiz* dafür darstellen, dass das Interesse des Arbeitnehmers an der Einrichtung eines häuslichen Arbeitszimmers das Interesse des Arbeitgebers überwiegt.[126]

Daraus folgt, dass Aufwendungsersatzansprüche für die Nutzung privater Räumlichkeiten – und konsequenterweise auch der damit verbundenen Nebenkosten – zumindest dann ausgeschlossen sein können, wenn der Arbeitnehmer eigenständig entscheiden kann, ob er seine Tätigkeit an einem betrieblichen Arbeitsplatz und/oder von einem anderen Ort aus erbringt. Nachdem das BAG klargestellt hat, dass diese „Verfügungsbefugnis“ des Arbeitnehmers (nur) einen wesentlichen Teil der Arbeitsleistung betreffen muss, erscheinen diese Grundsätze auch auf Desk-Sharing-Konzepte[127] übertragbar, beim dem sich Arbeitnehmer innerhalb einer Organisationseinheit des Arbeitgebers eine festgelegte (geringere) Anzahl von Arbeitsplätzen teilen und sich etwa mittels IT-Buchungssoftware „reservieren“. Dabei wird dem Arbeitnehmer auch eine gewisse vorausschauende Planung zumutbar sein. Erstrecht muss dies auch für die Einführung von ortsungebundenem „mobilem Arbeiten“ gelten, die lediglich auch von zu Hause erbracht werden *kann*; in Pandemie-Zeiten freilich nur soweit, wie etwaige Beschränkungen des gesellschaftlichen und öffentlichen Lebens[128] die Tätigkeit des Arbeitnehmers nicht (faktisch) auf die Arbeit im Homeof-

---

124 BAG, Urt. v. 12.04.2011 – 9 AZR 14/10 = NZA 2012, 97, 99 (Nutzung eigener Räumlichkeiten); BAG, Urt. v. 16.10.2007 – 9 AZR 170/07 = NZA 2008, 1012, 1014 (Nutzung privater Räumlichkeiten); BAG, Urt. v. 14.10.2003 – 9 AZR 657/02 = NJW 2004, 2036, 2037 unter IV. 2. b) der Gründe (häusliches Arbeitszimmer).

125 BAG, Urt. v. 12.04.2011 – 9 AZR 14/10 = NZA 2012, 97, 99; offenlassend BAG, Urt. v. 16.10.2007 – 9 AZR 170/07 = NZA 2008, 1012, 1014.

126 BAG, Urt. v. 12.04.2011 – 9 AZR 14/10 = NZA 2012, 97, 99 (Gewinn an individueller Freiheit); Klein, NJ 2020, 377, 384.

127 Teilweise auch „Shared Space“, „Hot Desking” oder “Flexible Office” genannt, vgl. zum Begriff etwa Oltmanns/Fuhlrott, NZA 2018, 1225; Günther/Böglmüller, NZA 2017, 546, 551; Steffan, NZA 2015, 1409, 1415.

128 Vgl. etwa zu Maßnahmen über Ausgangsbeschränkungen BayVerfGH, Beschl. v. 26.03.2020 – 6-VII-20 = NVwZ 2020, 624 ff.; BayVGH, Beschl. v. 30.03.2020 –

fice reduzieren – wenngleich hier im Rahmen der Interessenabwägung das zuvor Gesagte entsprechend gilt.

e. Kündigungsschutz

Nachdem der Arbeitgeber nach dem im Kündigungsschutzrecht allgemein geltenden Grundsatz der Verhältnismäßigkeit vor Ausspruch einer Beendigungskündigung verpflichtet ist, dem Arbeitnehmer eine zumutbare Weiterbeschäftigung im Unternehmen auf einem freien (gleichwertigen) Arbeitsplatz anzubieten, kann die Einführung von Homeoffice bzw. mobilem Arbeiten auch kündigungsschutzrechtliche Relevanz haben. Hier wird zwar zurecht darauf hingewiesen, dass die nach Art. 2 Abs. 1, Art. 12, 14 GG geschützte Unternehmerfreiheit die Festlegung umfasst, ob überhaupt und inwieweit die Arbeit in Form von Homeoffice bzw. mobiler Arbeit geleistet wird[129], wonach eine generelle Verpflichtung zur Einrichtung oder Beibehaltung von Homeoffice-Arbeitsplätzen – entgegen einer getroffenen Organisationsentscheidung – als „milderem Mittel" ausscheidet.[130] Etwas anderes soll im Ausnahmefall lediglich dann gelten, wenn die bestehende Arbeitsorganisation auch künftig die Erbringung etwa von Telearbeit vorsieht oder diese bereits praktiziert wird *und* die Einrichtung bzw. Erhaltung des Homeoffice-Arbeitsplatzes mit keinen übermäßigen wirtschaftlichen Belastungen verbunden ist.[131] Hierbei wird aus Sicht der Restrukturierungspraxis jedoch bisweilen übersehen, dass Unternehmen zumindest in der krisenbedingten Transformationsphase ein nicht unerhebliches – teilweise im Rahmen eines Maßnahmenpakets notwendiges – Restruktu-

---

20 NE 20.632 = NJW 2020, 1236 ff; BVerfG, Beschl. v. 07.04.2020 – 1 BvR 755/20 = NJW 2020, 1429 ff.

129 Hess. LAG, Urt. v. 10.06.2015 – 6 Sa 451/14 = BeckRS 2016, 66605; LAG Rheinland-Pfalz, Urt. v. 18.12.2014 – 5 Sa 378/14 = BeckRS 2015, 66249; LAG München, Urt. v. 29.07.2009 – 11 Sa 230/09 = BeckRS 2009, 72351; Müller (Fn. 48), § 4 Rn. 472.

130 LAG München, Urt. v. 29.07.2009 – 11 Sa 230/09 = BeckRS 2009, 72351 unter II. 2 c) aa) der Gründe; LAG Hamm, Urt. v. 22.07.2009 – 3 Sa 1630/08 = BeckRS 2009, 73608 unter II cc) 2.4.3 der Gründe, wonach die erstmalige Einrichtung eines Telearbeitsplatzes „einen anderen Arbeitsplatz" betreffen soll; Oberthür, MDR 2015, 1269, 1270; Müller (Fn. 48), § 6 Rn. 638; Vogelsang in: Schaub ArbR-HdB, 18. Aufl. 2019, § 164 Rn. 26; ähnlich BAG, Urt. v. 02.03.2006 – 2 AZR 64/05 = NZA 2006, 985, 988 Rn. 35 f. (außerordentliche Kündigung).

131 Dazu etwa Müller, Homeoffice in der arbeitsrechtlichen Praxis, 2. Auflage 2020, § 6 Rn. 638.

rierungspotential durch „Standortkonzentration“ verloren gehen kann. Selbst im umgekehrten Fall wird mit der teilweise bereichsübergreifenden Einführung unterschiedlichster Formen häuslicher bzw. mobiler Arbeit gerade eine künftig nur schwer umkehrbare Arbeitsorganisation geschaffen, innerhalb der die Erbringung von Tätigkeiten außerhalb der Betriebsstätte in einer Vielzahl an Fällen – zumindest theoretisch – auch künftig möglich bleibt, sodass sich das Regel-Ausnahme-Verhältnis umkehrt. Zwar bleibe dem Arbeitgeber die unternehmerische Entscheidung, innerhalb eines bestimmten Bereichs mobile Arbeit entweder überhaupt nicht oder nur für eine geringere Anzahl an Arbeitnehmern beizubehalten; der für den Ausspruch notwendiger betriebsbedingter Kündigungen erforderliche Begründungsaufwand steigt dabei indes erheblich.

III. Fazit

Arbeitgebern steht während der Krise ein arbeitsrechtlicher „Baukasten“ mit einer Vielzahl sinnvoller und bereits etablierter Hilfsmittel zur Verfügung, auf die weiterhin zurückgegriffen werden kann und die es gezielt zu nutzen und einzusetzen gilt. Insbesondere die Einführung von „Kurzarbeit“ kann als ad-hoc Flexibilisierungsinstrument weiterhin zur Liquiditätssicherung eingesetzt werden. Die weiter voranschreitende Digitalisierung und Transformation von Wirtschaft und Gesellschaft im Zuge der sog. „Vierten Industriellen Revolution“ haben Unternehmen aber bereits vor der Verbreitung des Coronavirus SARS-CoV-2 vor teilweise erhebliche Probleme gestellt, die sich während der Pandemie allenfalls verschärfen, mit Blick auf die „Zeit danach“ aber nicht grundsätzlich verändern. Das gilt insbesondere für die Einführung bzw. Ausweitung von „Homeoffice“ und „Mobile Office“, da selbst Unternehmen, in denen diese (Arbeits-)Organisationsformen bereits praktiziert wurden, infolge der Pandemie vor massive Probleme und Rechtsunsicherheiten gestellt werden, die sich nicht „über Nacht“ werden lösen lassen. Die Rahmenbedingungen und „Spielregeln“ der Flexibilisierung von Arbeitszeit und Arbeitsort werden daher weiterhin große Bedeutung haben.

Liquidität: The Key to turnaround

Rechtsanwalt Reinhard Willemsen, Luther Rechtsanwälte, München

In den Vorjahren, hat der Verfasser eigentlich immer ein Thema mit einem lateinischen Spruch vorgegeben bekommen. Damit dies auch in diesem Jahr so bleibt, möchte ich meinem Beitrag voranstellen:

Pecunia non olet sagte der Römische Kaiser Vespasian zu seinem Sohn Titus, als dieser ihn strafend ansah, da sein Vater Geld für die Benutzung der öffentlichen Latrinen nahm. Auf die Kritik seines Sohnes, dass man doch kein Geld für die Verrichtung der Notdurft nehmen dürfe hielt ihm der Kaiser eine Handvoll Sesterzen hin und sagte den berühmten Satz: *Geld stinkt nicht*.

In der Krise eines Unternehmens, hat der Unternehmer ganz andere Sorgen, als den Geruch des Geldes.

I. Finanzierung in der Krise

Krise in diesem Zusammenhang bedeutet, mindestens die Ergebniskrise, also das Ausbleiben der eigentlich zu erwartenden Jahresüberschüsse, möglicherweise schon eine Liquiditätskrise, also Schwierigkeiten bei der Beschaffung liquider Mittel. Dem Unternehmer stehen in dieser Situation noch folgende Finanzierungsformen zur Verfügung:

1. Bankdarlehen

Das klassische Bankdarlehen ist auch in einer Krise ein probates Mittel um Liquidität zu erhalten. Der Vorteil liegt darin, dass es sich hierbei um eine klassische Form der Finanzierung mit klaren gesetzlichen Regeln handelt. Darüber hinaus sind Bankfinanzierungen im Augenblick sehr preiswert zu haben.

Problematisch ist hierbei jedoch die klare gesetzliche Regelung im Hinblick auf die Möglichkeiten einer Bank, in einer Krise zu finanzieren (insbesondere Basel IV).

Fazit: ein Bankdarlehen, ist zwar eine vorteilhafte Art der Finanzierung, aber gerade in einem Krisenszenario nur schwer zu bekommen.

2. *KFW Darlehen*

Das KFW Darlehen wird ebenfalls über die Hausbank ausgereicht. Die KFW sichert die Rückzahlung zu 80 %.

Vorteil: Das KFW Darlehen ist meist preiswerter als das reine Bankdarlehen und es handelt sich um ein bekanntes Verfahren.

Zunächst sinkt durch ein KFW Darlehen für die Bank das Risiko, da die KFW einen Teil der Rückzahlung (meist 80 %) absichert. Allerdings gilt dies nur, wenn die Bank die Genehmigungsprozesse genau eingehalten hat. Da es hierbei sehr viele Formalien zu beachten gibt, befürchten Banken häufig, dass sie bei der Ausreichung des Darlehens einen formalen Fehler gemacht haben und damit die Rückdeckung durch die KFW verlieren.

Im Ergebnis sind daher auch KFW Darlehen in der Krise schwierig zu bekommen.

3. *Schuldverschreibungen*

Schuldverschreibungen sind mittel- bis langfristige Instrumente, mit denen größere Unternehmen Geld zu einem festen Zinssatz am Kapitalmarkt aufnehmen. Mit einer Schuldverschreibung überlässt der jeweilige Anleger also dem Aussteller der Schuldverschreibung (oder Anleihe) einen bestimmten Geldbetrag für eine gewisse Zeit. Die Laufzeiten von Schuldverschreibungen variieren, sind aber meist länger als beim klassischen Bankdarlehen.

Der Vorteil einer Schuldverschreibung liegt darin, dass meist sehr große Volumina möglich sind.

Der Nachteil besteht darin, dass das Verfahren relativ kompliziert und teuer ist, da vor der Zulassung von Schuldverschreibungen diverse Gutachten eingeholt werden müssen. Zudem ist die Verzinsung von Schuldverschreibungen in aller Regel höher als die eines Bankdarlehens.

Auch dieses Instrument eignet sich daher eher weniger für eine Krise – im Gegenteil: Die Fälligkeit von Rückzahlungen von Schuldverschreibungen führt gegebenenfalls zu einer Krise des Unternehmens oder jedenfalls zu deren Verschärfung.

4. Factoring

Factoring stellt in jeder Lage des Unternehmens ein relativ schnelles und einfaches Mittel dar, kurzfristig Liquidität zu generieren. Dabei werden die Forderungen des schuldnerischen Unternehmens gegen dessen Gläubiger an eine Factoring Bank verkauft und abgetreten. Hieraus resultiert in aller Regel ein schnellerer Geldzufluss, als wenn das Unternehmen die Zahlung durch den jeweiligen Gläubiger abwartete.

Der Vorteil besteht darin, dass das Geld schnell kommt und die Bonität des schuldnerischen Unternehmens keine Rolle spielt. Es kommt vielmehr auf die Bonität der jeweiligen Gläubiger an. Ein Unternehmen in der Krise kann aber sehr wohl Gläubiger mit hoher Bonität haben.

Der Nachteil besteht darin, dass Factoring vergleichsweise teuer ist. Darüber hinaus kann Factoring von dem übrigen Marktbeteiligten auch als ein (ggfs. zusätzliches) Krisensignal verstanden werden, da Factoring häufig dann eingesetzt wird, wenn es sonst keine Finanzierungsmittel mehr gibt. Oder umgekehrt formuliert, wer außerhalb einer Krise steht, wird eher kein Factoring nutzen, da der Vorteil der schnelleren Liquidität relativ teuer erkauft wird.

5. Warenkredit

Unter Warenkredit versteht man die Finanzierung durch lange Zahlungsziele im Einkauf und kurze Zahlungsziele im Verkauf. Beides wird häufig nicht extra vereinbart, sondern so „gelebt". Insbesondere auf der Einkaufsseite werden Rechnungen einfach 2, 3 oder gar 4 Wochen später gezahlt.

Der Vorteil des Warenkredites ist, dass er preiswert (meist ohne Verzinsung), schnell und einfach auch ohne formelle Vereinbarung möglich ist – jedenfalls in einem gewissen Umfang.

Dem Vorteil steht allerdings auch ein Nachteil gegenüber, zum einen kann kein Skonto gezogen werden – was je nach Branche und Zahlungsziel durchaus 2 bis 3 % des Einkaufsvolumens ausmachen kann. Außerdem ist eine dauerhafte Zuspätzahlung ohne entsprechende Vereinbarung schlecht für das Image.

6. Mezzanine bzw. Gesellschafterdarlehen

Hierunter versteht man Darlehen, die in der Regel durch Gesellschafter oder Investoren gegeben werden, die gleichzeitig mit der Kreditvergabe ganz oder teilweise einen Rangrücktritt erklären.

Der Vorteil besteht darin, dass sie vergleichsweise preiswert (jedenfalls, wenn das Geld vom Gesellschafter kommt), schnell und einfach zu vereinbaren und auch und gerade in der Krise noch möglich sind.

Wird das Mezzanindarlehen von Dritten (also nicht dem Gesellschafter) gegeben, dann wird er sich dieses Risiko durch einen entsprechend hohen Zins bezahlen lassen. Aus der Sicht des Darlehensgebers besteht ein erhöhtes Ausfallrisiko und in der Insolvenz der Nachrang hinter sämtlichen anderen Gläubigern. Kommt das Mezzanine Darlehen daher nicht von einem Gesellschafter, dürfte es eine besonders teure Form der Finanzierung darstellen.

7. Sale and Leaseback „Verkauf des Tafelsilbers“, also Verwertung von betriebsnotwendigem Vermögen an einen Investor oder Finanzierer

Auch hier besteht der Vorteil darin, dass derartige Vereinbarungen schnell und relativ einfach zu schließen sind und dass sie auch und gerade in der Krise des Unternehmens möglich sind.

Der Nachteil besteht darin, dass das Zurückleasen von Maschinen, maschinellen Anlagen und Gebäuden relativ teuer ist und zu einem permanenten Liquiditätsabfluss für das Unternehmen führt. Einem einmaligen Liquiditätszufluss (aus dem Verkaufserlös) steht damit ein permanenter Liquiditätsabfluss gegenüber, der im Zweifel in der Zukunft auch den Zufluss übersteigen wird.

8. Verkauf von nicht betriebsnotwendigem Vermögen

Möglich ist natürlich auch – soweit vorhanden – der Verkauf von nicht betriebsnotwendigem Vermögen, also Gebäuden oder Grundstücken die jedenfalls aktuell nicht benötigt werden. Der Vorteil liegt auch hier in einer vergleichsweise schnellen und günstigen Beschaffung von Liquidität. Der Nachteil besteht hier darin, dass im Zweifel bei solchen „Notverkäufen“ nicht die besten Preise erzielt werden und möglicherweise dieses Grundstück/Gebäude in der Zukunft fehlen wird, wenn die Krise überwunden ist und das Unternehmen wieder investieren will.

II. Finanzierung im Insolvenzverfahren

Das Insolvenzverfahren umfasst das vorläufige und das eröffnete Verfahren.

1. Vorläufiges Verfahren

Das Problem im vorläufigen Insolvenzverfahren besteht darin, dass der Verwalter in aller Regel keine Masseverbindlichkeiten begründen darf, da er überwiegend als schwacher vorläufiger Verwalter ohne Verfügungsbefugnis bestellt wird.

Das bedeutet, dass er mit Wirkung für die Insolvenzmasse grundsätzlich keine Verträge – und das gilt auch für Darlehensverträge – abschließen kann. Gleichwohl gibt es auch im vorläufigen Verfahren (Bank-)Finanzierungen. Insbesondere dann, wenn noch freies Vermögen zur Verfügung steht und/oder der vorläufige Insolvenzverwalter sich eine entsprechende Ermächtigung vom Insolvenzgericht erteilen lässt.

Unproblematisch ist dagegen die Vorfinanzierung des Insolvenzgeldes, da er diesen Anspruch durch Abtretung der Ansprüche gegen die Agentur für Arbeit absichern kann.

Eine weitere Verschärfung der Liquiditätslage tritt dadurch ein, dass die Lieferanten nach Bekanntwerden des Insolvenzantrages auf Vorkasse umstellen werden, § 321 BGB.

Im Lauf des vorläufigen Insolvenzverfahrens entspannt sich dann meist die Liquiditätslage ein wenig, da der Schuldner keine Lohnkosten hat und trotzdem im vollen Umfang produzieren kann. Meist gelingt es auch, die Zahlungsziele bei Kunden etwas zu verkürzen, so dass ein Einmaleffekt entsteht.

2. Eröffnetes Insolvenzverfahren

Im eröffneten Verfahren ist der Verwalter freier bei der Begründung von Massedarlehen. Allerdings setzt auch dies in aller Regel voraus, dass noch freies Vermögen vorhanden ist, was als Sicherheit dienen kann. Alternativ kommen Sicherheiten durch einen Investor oder den Gesellschafter in Betracht, wobei dann aber – aus Sicht des Gesellschafters – geklärt werden muss, dass die nach Eröffnung des Verfahrens gegebene Sicherheit (bzw. das durch diese Sicherheit gesicherte Darlehen) vorrangig befriedigt wird.

Eine weitere Möglichkeit ist die Finanzierung durch Kunden mittels sogenannter Fortführungsvereinbarungen. Vereinfacht gesprochen, bezahlen die Kunden hier die durch die Fortführung des Unternehmens (und Weiterproduktion, an der sie meist ein hohes Interesse haben) entstehenden Verluste und möglicherweise auch eine kleine Gewinnmarge, sei es durch höhere Preise, sei es durch monatliche Einmalzahlungen.

III. Sonderfall: Finanzierung in der Coronakrise[1]

1. Notfallpaket für die Wirtschaft

Die Coronapandemie hat zu einem drastischen Rückgang der Wirtschaftsleistung geführt, der durch unterschiedliche Maßnahmen aufgefangen werden soll:

a. Erweiterungen des Kurzarbeitergeldes (Dauer, Inanspruchnahme, Höhe)
b. Verstärkte bzw. vorgezogene Investitionen der öffentlichen Hand
c. Steuersenkungen (Mehrwertsteuer, Stundung von Ertragssteuern)
d. Wo möglich Beschleunigung von Planfeststellungsverfahren und Genehmigungen

2. Finanzierung

Verschiedene Finanzierungshilfen für die Wirtschaft:

a. Soforthilfe für kleine Unternehmen, sog. Überbrückungshilfen, nicht rückzahlbare kurzfristige Zahlungen (überschaubare Beträge, 10–15 TEUR)
b. Schutzfond für größere Unternehmen, Wiederaufleben des Wirtschaftsstabilisierungsfonds, insges. 400 Mrd. EUR; hohe bürokratische Hür-

1 Überblick unter: https://www.bmwi.de/Redaktion/DE/Coronavirus/coronahilfe.html.

den. Insgesamt bislang deutlich weniger Mittel abgerufen als vorhanden

c. KfW Sonderprogramm, Übernahme von 90 % des Ausfallrisikos; gleiches Problem wie oben geschildert: Antrag erfolgt über die Hausbank, die letztlich ins Risiko geht, wenn der Antrag Fehler aufweist
d. KfW-Schnellkredite für den Mittelstand mit einer Risikoübernahme von 100 % (max. 800 TEUR); gleiches Problem wie oben: Die Hausbank trägt das Risiko der ordnungsgemäßen Antragstellung
e. Diverse Sonderprogramme der Länder, Kreise und Kommunen

3. Fazit:

Es gibt einiges an Überbrückungshilfen in der Coronakrise; allen gemein ist, dass sie einen gewissen bürokratischen Aufwand erfordern. Insgesamt bleibt die Inanspruchnahme der Hilfen bislang hinter den Erwartungen zurück.[2]

IV. Finanzierung nach dem StaRUG/SanInsFoG – noch auf Basis des Referentenentwurfes

Sehr gut durchdachtes Gesetz – trotz kleiner Mängel im Detail. Das SanInsFoG besteht aus verschiedenen Teilen:

a. Das Unternehmensstabilisierungs- und -restrukturierungsgesetz – StaRUG,
b. Überarbeitung des ESUG nach der erfolgten Evaluierung
c. Anpassung bei den Insolvenzantragsgründen (stärkere Abgrenzung von Überschuldung und drohender Zahlungsunfähigkeit)
d. Neue Ansätze zur Digitalisierung
e. Sonderregeln für die Pandemie, hier insbesondere die Verlängerung der Aussetzung der Insolvenzantragspflicht. Im Gegensatz zu den meisten Meldungen in den Medien, ist die Insolvenzantragspflicht seit dem 1. Oktober 2020 nicht mehr generell ausgesetzt, sondern nur noch für solche Unternehmen, die (nur) überschuldet sind. Bei Vorliegen der Zahlungsunfähigkeit besteht also wieder eine uneingeschränkte Insol-

---

2 https://www.wiwo.de/unternehmen/mittelstand/coronakrise-ueberbrueckungshilfe-deutlich-mehr-antraege-aber-erst-bruchteil-der-mittel-bewilligt/26095070.html; https://www.tagesschau.de/inland/corona-hilfen-103.html.

venzantragspflicht – mit allen Haftungsfolgen, falls dieser Pflicht nicht oder nicht rechtzeitig nachgekommen wird

Die noch im mündlichen Vortrag (auf der Grundlage des Referentenentwurfs) vorgebrachte Kritik hinsichtlich der Beschränkung des § 14 S. 2 StaRUG auf Personalsicherheiten, ist im Regierungsentwurf bereits berücksichtigt. Die Privilegierung gilt nunmehr für alle Arten der Besicherung.[3]

V. *Insolvenzmonitor*

Die Zahl der Unternehmensinsolvenzen ist weiter stark rückläufig. Im ersten Halbjahr 2020 verringerte sich die (ohnehin schon geringe) Zahl von Unternehmensinsolvenzen nochmals um 8,2 %[4]. Grund hierfür ist neben den erheblichen Geldbeiträgen des Bundes und der Länder, vor allem die Aussetzung der Insolvenzantragspflicht bis Ende September.

Es steht zu befürchten, dass spätestens zu Beginn des Jahres 2021, jedenfalls dann, wenn die Insolvenzantragsgründe wieder gelten, eine größere Welle von Insolvenzen auf uns zurollt.

---

3 https://www.bmjv.de/SharedDocs/Gesetzgebungsverfahren/Dokumente/RegE_SanInsFoG.pdf;jsessionid=1FE6580636971D83B5CC507B3B4C078D.2_cid289?__blob=publicationFile&v=3 (S. 138).

4 https://www.creditreform.de/aktuelles-wissen/pressemeldungen-fachbeitraege/news-details/show/insolvenzen-in-deutschland-1-halbjahr-2020.

FSC
www.fsc.org
MIX
Papier | Fördert gute Waldnutzung
FSC® C083411

Kolibri 360 GmbH
Ferdinand-Jühlke-Straße 7
99095 Erfurt, Deutschland
produktsicherheit@kolibri360.de